句読点
活用辞典

大類雅敏 編著

栄光出版社

句読点活用辞典　目次

はじめに

足かけ四年程かかって、『句読点活用辞典』がようやく完成した。もとより不備な点も多いが、広く活用されることを願っている。

句読点のまとまった本といえば、外国では、G・V・カレイ著『句読点に注意せよ』や、E・パートリッジ著『句読法案内』や、J・ダムレット著『現代句読法概論』等があるが、いずれも難解である。日本では、権田直助著『国文句読考』（再版では『国文句読法』）、それに私の三部作、『日本文学における句読法』『そこに句読点を打て！』『文体としての句読点』等があり、こちらはそれほどではない。

句読点の本が、外国のものほど難解なのは驚くべきことだが、文法学者が書いているせいもある。仔細に見ると、語彙がすでに難解であり、文例がまた容易ではないのである。たかが句読点の本が難解であるのは、賞められるべきことではないが、しかし、句読法則を規範意識に裏打ちされて樹立しようとする努力が難解にさせていることも否めない事実である。そこのところを読みとらねばならないのは言うまでもない。句読点の〝哲学〟の淵源がそこにある。

句読点研究に携わって、なにより魅力的な仕事だと思うのは、句読点に〝哲学〟があることである。「規則と変則」は、「普遍と特殊」に置換できる。いつ、どこででも通用する規則にはずれて、特殊な効果を顕現する変則がつきものである。規則に適うことが、いつでも効果的ではないのである。その効果も、意識的な意図から出たものか、無意識なものか、興味のあるところで、「意識と無意識」の問題が生起する。ルール（規則）とセオリー（理論）はどう違うか？ などと考えれば、句読法則とそれを貫く理論の問題に立ち至ることになる。理論は現実の諸問題や苦悩から生まれ、現実の体系化であり、絶えずまた現実を取り込んでいかねばならない。実践とは、単に規則運用を意味しない。「理論と実践」の問題は、研究者はもちろん、文章を書くすべての人の問題でもある……等々。

ところで、文章の補助符号である句読点は、英語では punctuation といい、この語は句読点ばかりか句読法（句読点の用い方）をも意味している。一方、中国では、句投、句豆、句逗点などと、昔は書かれた。「逗」は文字通り、止まる意である。だから、句読点はくぎり符号なのである。しかし、今日では、外国の研究を俟つまでもなく、かっこ類やつなぎ符号やリーダー類、それに音節符号や段落をも含めて、ひじょうに広範囲のものになっている。句読点というと、句点と読点、それにせいぜい、疑問符や感嘆符、かぎ（一重かぎと二重かぎ）、ダッシュとテンテンの八種類しかないと思っている人は、この際、ぜひ認識を改めていただきたい。句読点は種類が多く、それぞれ独自の形態と用法を有しているので、効果的に用いるなら、文章にとって、これほどよいことはないのである。

句読点の発生は、アレキサンドリアの文法学者が、初学者のためにギリシア古典に施したのが最初。紀元前三世紀のことである。プラトンの『プロタゴラス』、アリストテレスの『詩学』には句読点に触れた箇所がある。古くから目をつけられていた証拠であろう。中国では秘書省校書式（記録などを司る役所の記録などの書式）に用いられた。それに今日の中国では、コロンやセミコロンが摂取されている。日本語にも用いたらという議論もあるが普及していない。わが国では慶長梓行（シコウ）の『日本書紀』に、朱で句点と読点が用いられているのが最初と言われ、疑問符や感嘆符などは蘭学研究の際に輸入したものである。

句読点は、各種の符号の総称と考えるべきであるが、代表的なものは句点と読点なので、この両者を、狭く、句読点と呼ぶこともある。国立国語研究所の素調査でも、この両者が一位と三位を占めている。しかし、この両者や、あるいはせいぜい前述の八種類に限り用いてきたことは、文章にとって不幸だったと言うべきであろう。さらに工夫して、これからは文章の変化のためにも、多くの句読点が用いられるべきものと思う。ワキ役も、工夫しだいで主役が〝食える〟のである。

本書は、そのための良き伴侶たらしめることを意図して作成した。文章の一層深い理解のために、また、執筆に際して味のある文章が書けるように、十分に配慮したつもりである。学校で、職場で、家庭で、大いに活用されることを願っている。

句読点の分類

句読点の分類は、用途・意味・位置・数量により次の四つに分類できる。

第一の用途による分類は、

㈠文法的句読点㈡修辞的句読点㈢語源的句読点㈣参照句読点の四つに分けるやり方である。分類すると、

㈠文法的句読点（単に語句の切れめを示すもの）

①ピリオド　②句点　③コロン　④セミコロン　⑤中点　⑥シロテン　⑦コンマ　⑧読点　⑨ダッシュ

㈡修辞的句読点（感動や疑問、引用、説明等を表すもの）

①疑問符　②二重疑問符　③感嘆符　④二重感嘆符　⑤三重感嘆符　⑥ダブルだれ　⑦アポストロフィ　⑧かぎかっこ　⑨二重かぎ　⑩角がっこ　⑪かっこ　⑫すみつきパーレン　⑬山形　⑭ギュメ　⑮クォテーション・マーク　⑯ダブル・クォテーション・マーク　⑰キッコー　⑱中がっこ　⑲ちょんちょんがっこ　⑳二重キッコー　㉑二重パーレン　㉒半がっこ

㈢語源的句読点（語の構成、発音法、省略または略字を示す）

①ハイフン　②太ハイフン　③二重ハイフン　④波　⑤アキュート・アクセント　⑥ウイング　⑦ウムラウト　⑧曲折アクセント　⑨グレーブ・アクセント　⑩シディラ　⑪チルダ　⑫ブリーブ　⑬マクロ

ン　⑭アポストロフィ　⑮ピリオド

㈣参照句読点（脚註その他の参照のために用いるもの）

①アステリスク　②アステリズム　③米じるし　④セクション　⑤ダブル・セクション　⑥ダガー　⑦ダブル・ダガー　⑧フィスト　⑨段落標

となる。

第二の意味による分類は、

㈠有色の句読点㈡無色の句読点に分けるやり方である。分類すると、

㈠有色の句読点（なんらかの意味を添えるもの）

①疑問符　②二重疑問符　③感嘆符　④二重感嘆符　⑤三重感嘆符　⑥ダブルだれ　⑦コロン　⑧セミコロン

㈡無色の句読点（まったく意味を添えないもの）

①ピリオド　②句点　③コンマ　④読点

となる。

第三の位置による分類は、

㈠外部句読点㈡内部句読点の二つに分けるやり方である。分類すると、

㈠外部句読点（語や句や文の外側に用いるもの）

①アポストロフィ　②かぎかっこ　③二重かぎ　④角がっこ　⑤かっこ　⑥すみつきパーレン　⑦山形

⑧ギュメ　⑨クォテーション・マーク　⑩ダブル・クォテーション・マーク　⑪キッコー　⑫中がっこ　⑬ちょんちょんがっこ　⑭二重キッコー　⑮二重パーレン

㈡内部句読点（文の内側に用いるもの）

①コロン　②セミコロン　③中点　④コンマ　⑤読点

となる。

第四の数量による分類は、

㈠精密句読点㈡簡略句読点の二つに分けるやり方である。分類すると、

㈠精密句読点（close punctuation）

やたらに文をくぎることで、英語ならばコンマの多用が挙げられる。日本語ならば読点の多用である。意味のまとまりが細かくなるので論理性を失いやすいが、そうなったものは精密句読点とは言わない。宇野浩二の文章が、よい例である。

㊞芥川の小説は、（あるいは、芥川の小説の文章は、）だいたい、簡潔であるが、ときどき、低徊趣味の漱石や理屈っぽい鷗外の影響がわるく現れて、（それ以上に、芥川流に、いい気になって、）叙述し過ぎたところがしばしばある。しかし、それが、物語の、進行のために、あるいは、進行ちゅうに、巧みに、使ってあるので、たいていの人に、気がつかない上に、感心させられる事さえある。ところが、それは、気がつき出すと、芥川が好んでよく使った言葉を借りると、かなわない、いいかない、と思うようになる。（宇野浩二『芥川龍之介』）

㈡簡略句読点（open punctuation）

あいまいにならない程度に、句読点を省略したものである。吉田健一の文章が、よい例である。

㋖前は目立つことを望んだものだつた。その頃はそれを目立つといふ風には考えなかつたにしても誰も前に言はなかつたこととか自分に独特の境地を見付けることとかいふことが頭にあつたのであるからその為の努力が目立つことを求める形を取ることにならざるを得なかつた。そしてそのことに成功したのではないとともにさういふ考へでゐたことの理由に就ては自分を動かした言葉の凡てが斬新で独特の境地を示すものに思はれたといふことがある。又それが間違つてゐたのでもなくて人を動かす言葉といふものは常にその前にそのやうな言葉はなくてその言葉といふ特有の条件の下に世界がそこにあるといふ印象を人に与へる。（吉田健一『言葉といふもの』）

句読点の効果

「効果」とは、「効きめ」「よい結果」のことである。あまりにも単純な定義であるが、大切なことは、なんらかの意図実現（生得のものもあるにはあるが）の意志作用が働くとみなければならない。生得的効果を、無意識効果と考えれば、普通は意識的効果を問題にすればよい。

なんらかの意図実現の意志作用が、一定の効果をもたらすことができる場合には「有効」と言い、効果がなければ「無効」、予期せざる効果（負の効果）をもたらす場合には「逆効果」と言う。つまり、句読点には、㈠有効㈡無効㈢逆効果の三つの効果がある。

句読法ないし句読点そのものが、いずれの効果に属するかは、測定や判断のむずかしい問題である。句読点が、息つぎの間や抑揚となる話し言葉の場合には、落語家や漫才師のやるように相手の反応（相手の表情や動作や返辞で理解できることが多い）をうかがえばよいが、書き言葉の場合にはそれが不可能である。こういう意図で用いたから、読んだ（というより見た）あなたは、そのように感じるだろうと、いちいち確認はできぬ。文字言語の補助符号は、それでなくても無視される傾向にあるものである。

句読点の効果は、次の四つに分類できる。㈠実用的効果㈡共感的効果㈢鑑賞的効果㈣韻律上の効果である。

実用的効果とは、相手の行動を促すという、言語に準ずる実用的機能に基づいている。共感的効果とは、相手の同調を促す、言語に準ずる共感的機能に基づいている。鑑賞的効果とは、前二者の相乗作用に基づいている総合的効果である。韻律上の効果とは、主に詩文における韻律効果である。前三者とは、本来、別立てになるはずのものである。

右の効果は、句読点の種類によっても相違する。たとえば、実用的効果は疑問符によるものが代表的である。疑問符は相手の問いに答える行為（言語行為や動作）を促す。

「母ァさん」景色にも厭きて来た男の子は、ねむそうな眼をして云った。

「なあに?」

「まだ却々(なかなか)?」

「ええ、却々ですからね、おねむになったら母ァさんに倚(よ)りかかって、ねんねなさいよ」

（志賀直哉『網走まで』）

右の例では、母が子どもの呼びかけに、「なあに?」と応じ、また、その問いに、子どもが「まだ却々?」と応じている。疑問符に対して言語表現で応対しているのである。

「オイKさん。どの辺へ着けるんだい?」とSさんが訊いた。Kさんは振りかえって見て、

「丁度此見当でよう御座んすよ」と答えた。（同『焚火』）

右の例では、Sの問いに、「振りかえって見て」Kが応じている。動作と言語表現が疑問符に応対しているのである。

共感的効果は、感嘆符によるものが代表的である。相手の同調や共感を促す。

「兼、やるぜ!」と芳三郎は寝床から怒鳴った。鋭かったが嗄(しゃが)れて居た。それには答えず、「よろしゅう御座います」と兼次郎の言うのが聞える。(同『剃刀』)

右の例では、芳三郎が同意を求めている。「それには答えず」とあるが、兼次郎は「よろしゅう御座います」と同調している。

鑑賞的効果は、句読点の修辞的効果を鑑賞させることである。もちろん、鑑賞者の能力のレベルにも左右される。そのことは、文章表現そのものにも往々生ずることで、宿命的なものであろう。

あと十秒! あと五秒!! あと一秒!!!(後藤明生『疑問符で終わる話』)

右の例では、視覚的効果が大きいが、二重、三重の感嘆符を用いて、緊迫感を盛りあげている。息詰まる効果を感得できれば、鑑賞としては十分であるし、この感嘆符はそのように鑑賞されることを意図している。ところで、鑑賞的効果を、読点の場合を例にして分類すると、(1)適用変化の効果(変則的)(2)偶発的効果(恣意的)(3)対比の効果(目的的)(4)どもる効果や宙ぶらりんの効果(文法的)などとなる。かっこの註釈は、句読法則に照らしてみた場合の真相、あるいは、こういう観点から考察するという、一種の目安とでも言ったほうがよかろう。ほかにも種々考えられるが、今は右の四つについて述べるにとどめる。

適用変化の効果は、変則として捉えるのであるから、当然、規則(あるいは正則)があることになる。正則は、公には「句読法案」(昭和二十一年)に基づく。もしくは、次のような私案である。

①文が終止しても、変化を持たせるために読点(テン)を打つ。
②文の中で語句の切れ続きを明らかにしないと、誤読や誤解を生ずる場合に読点を打つ。
③対等(同格も含む)の関係で並ぶ、同じ種類の語句の間に読点を打つ。
④文の主題となる語(を含む文節)のあとに読点を打つ。
⑤限定・条件を示す前置きの文のあとに読点を打つ。
⑥挿入文の前後に読点を打つ。
⑦時・場合・場所・文法などを表す語句が文全体を限定するとき、その語句のあとに読点を打つ。
⑧接続詞の直後に読点を打つ。文中の接続詞は、その前後に読点を打つ。
⑨文頭の副詞のあとに読点を打つ。文中の副詞は、その前後に読点を打つ。
⑩感動詞や呼びかけの語のあとに読点を打つ。
⑪語句を隔てて修飾する場合、修飾する語句のあとに読点を打つ。
⑫修飾関係上、誤解のおそれがある場合、修飾語句のあとに読点を打つ。
⑬倒置の場合、主語(を含む文節)が文中にきた場合はその前に、述語がきた場合はそのあとに読点を打つ。

⑭接続助詞の「て」「ど」「ども」「けれども」「が」などのあとに読点を打つ。
⑮同じような語句を並べる場合、助詞の「たり」「と」「も」「や」「とか」などのあとに読点を打つ。
⑯「」を助詞の「と」で受けて叙述のことばに続かない場合に打つ。「」を用いない場合には引用文や会話文のあとに読点を打つ。
⑰呼吸の切れめや間のところに読点を打つ。
⑱かながつづく場合（漢字が続く場合でも）、読み易いように読点を打つ。
右は、これでも、まだ十分ではないが、読点の決まりである。決まりのとおりに打たなかったり、全く打たずに済ませれば、適用変化の効果が生ずることになる。
——納豆のような雨がしきりなしに、それと同じ色の不透明な海に降った。（小林多喜二『蟹工船』）
右の例では、「——雨が、しきりなしに、それと——」と打つのが正則であるが、主語（を含む文節）と副詞的語句が読点を介在せずに直結する例は変則。一種の呼吸である。調子である。
酒を飲みたくなったときより私が重クロム酸アンモニアを造っておいた時間の方が前なのだから疑い得られるとすると私なのにも拘らず、それが軽部が疑われたと云うのも軽部の先ずひと目で誰からも暴力を好むことを見破られる逞ましい相貌から来ているのであろう。（横光利一『機械』）

右の例は、偶発的効果がある。この小説は、読点を省略する方向で書かれている。したがって、たまたま打たれた読点が独得の効果を発揮するのである。

S教授の言葉にはうなずいて見せたが、口の中にもう歯が一本もないのだと滋子が実感したのはそれから可成り経ったあとだった。（円地文子『朱を奪うもの』）

右の例は、接続助詞の「が」が文を分断して、対比を示している。文の長い作家に多く見られる対比の効果である。

それから、この文章は、もとより、評伝でも評論でもなく、私が芥川とつきあった短かい間の、私が見、聞き、知った、芥川について、その思い出を、主として、書きたい、と思っているのであり、そうして、その思い出も、わざとノオトなどとらないで、おもいだすままに、あれ、これ、と書きつづる、というような方法をとりたい、と思うので、思い出すままに述べる事柄の年月（としつき）があとさきになったり、それぞれの話がとりとめのないものになったり、するにちがいない。（宇野浩二『芥川龍之介』）

右の例は、読点の多い文で、どもる効果がある。どもる効果というより、嗚咽する効果と言うべきだろう。

この絵は、青い、たぶん二階から見下したのであろう、波もない穏やかな、海を背景に、漁村を描いたものである。

右の例は、「青い」が宙ぶらりんになっている。「海」につづくまでに距離があるのである。

しかし、文法的には正しい文なので、宙ぶらりんの効果があると言うべきものである。そういう読点である。

香り溢れる闇のしじまを、
何思ふなく沈んで行つた。
めまひが湧いて泡が光つた、
星影揺れる夢の波間を。（中村真一郎『Idée』）

やがて想い出は、魂の闇の
破れた翼の沈む洞窟(ほらあな)に
静かに眼ざめた。その昔(かみ)の愛の
死んでは生れる歌声の中に。

そして束の間の暗い微笑みの
園に虹は香り、瞳の空に、
火の山の解く喪(ほど)の花束。日の
閃きは、時の記念(かたみ)の彼方に。――（同『失はれた日』）

右の二つの詩の行末に注意すると、前者の読点の休止と、後者の行末の休止（たとえば、「日の閃きは、」とつづけて読まず「日の」の後に休止を置く）が似ているのに気づく。しかし、似てはいるが、前者のきっちりした、荘重な効果は、後者とは異なっている。韻律の効果は、両者に共通するが、受けとる印象は著しく異なっている。律格にやかましい英詩では、この両者の休止 (pause) の研究がされている。

規則どおりに句読点を打つことを、かりに「文法的句読法」、規則に基礎を置いて更に工夫することを「修辞的句読法」とかりに呼ぶならば、たとえ生得の才がなくても、地道な努力によって工夫し、文章の効果を高めることができるし、それによって句読点の目的は達せられるのである。

句読点の相対価値

日本語の句読点では、相対的価値の研究はされていない。分かち書きと句読点との相対的価値の研究も、当然されていない。句読点が変われば、休止の時間差は違うはずであるが、その相対的時間差、ひいては価値の研究はされていないのである。

E・パートリッジは、コンマ・ダッシュ（コンマ＋ダッシュ）、セミコロン・ダッシュ（セミコロン＋ダッシュ）、コロン・ダッシュ（コロン＋ダッシュ）、ピリオド・ダッシュ（ピリオド＋ダッシュ）も含めて、次のように相対価値を決めている。

かっこ……1—$1\frac{1}{2}$—2
コンマ……2
ダッシュ……3
コンマ・ダッシュ……4
セミコロン……5
セミコロン・ダッシュ……6
コロン……7
コロン・ダッシュ……8

ピリオド……………………9
ピリオド・ダッシュ………10

よく、コンマ、セミコロン、コロン、ピリオドを、不等号で休止の間差を示したり、ピリオドは十分のくぎりで、コンマは四分の一くぎり、セミコロンは四分の三くぎりなどと比喩的に言うが、それをさらに精細にしたものが右の分類である。これを活用すれば、休止の時間的差異や、強弱などの相対価値がはっきりする。かっこが入っているが、これも語句をくぎる符号と考えられているからである。コンマのように休止を要求するのである。それから、コンマ・セミコロン・コロン・ピリオドは、ダッシュを伴ったほうが強力になる。それで、ピリオド・ダッシュは、最強なのである。感嘆符や疑問符は省略されている。これらの符号は、はじめは修辞的、発話法上のものでもあり、構文上はピリオドに匹敵はするが、感嘆符はピリオド以下であり、疑問符は効力を失っている。次の英文で研究されたい。

That being so—and who could doubt that it was so?—we could not shut our eyes to the danger of invasion; as many notable authorities think, a very considerable danger. The hour, however, brings the man: destiny brought Winston Churchill (refuser of all titles). Winston Churchill brought victory.—It also brought detractors; but then, success always arouses envy among the little men;—indeed, without the bitter solace of a carefully tended envy, these petty minds would be driven either to anarchy or to suicide!

In literature, as in art and music (and even in science), there would appear to be cycles,—there is almost certainly the swing of the pendulum. In literature an Elizabethan Age is followed by a Civil War, a Restoration, an 18th Century, which happily passes into a 19th Century; then—less happily—into a 20th; in science a rather different course is observable; in religion, yet another: in all, however, we see that a mighty national effort, much like an exceptional personal effort, seems to require a long period of recuperation. Among other causes that contribute to the appearance (perhaps only the delusion?) of cycles and pendulous oscillations are these:—

Long and exhausting wars: periods of great prosperity; apathy in spiritual matters; the onset of materialism; a series of vast physical disasters, such as earthquakes, hurricanes, floods, fires; and the incidence of that not entirely imaginary law—The cussedness of the universe tends to a maximum.

強調の様式

強調には、句読点によるもの、句読点に準ずる、たとえばイタリック体や大文字や小さい大文字(small capital)によるものや、構文上・文体上の工夫によるものがある。以下、順に説明する。

㈠句読点による強調

①引用符号―引用符号(クォテーション・マークやかぎやギュメの類)による強調は、語や語群や文を文脈から際立たせ、関係する語句の観念の相を明確にする。

㊡If you employ the designation 'real idealism' instead of its synonym 'ideal realism', you tend to set up an ambiguity that does not attach to the latter.

㊡全体主義に対する「民主主義の優位」は、まず否定できない。

㊡今回の事件では、相手国に〝誤解〟があったように思われる。

㊡日本国憲法の基本原理は、〈基本的人権の尊重〉〈国民主権〉〈永久平和〉の三つである。

②ハイフン―語や語群をむすび、知的で、美的な、文体上の有効な単位となる。

㊡The ideal of the mystic is oneness-with-God.

③ダッシュ、コロン、セミコロン

例 各項参照のこと。また、「句読点の相対価値」も参照のこと。

④ワキテン―語や語句を文脈の中で際立たせ強調する。

例 正午近くのグラウンドでは、われわれの子供らとちがう子供らが、まったく声をあげずに野球をしていた。（大江健三郎『ピンチランナー調書』）

⑤ワキセン―ワキテンに同じ。

例 コノ「ブリキマン」ドモハ、小学校ノ給食用小型トラックニ核物質ヲ積ンデ運ブ以上、夏休ミノ小学校ノ体育館デプルトニウムニ精練ショウトスルノダロウ。（同書）

㈡句読点に準ずる強調

①イタリック体―かっこでかこむのと同じ強調効果がある。

例 It is one thing to *Promise*, quite another to *fulfil*.

②大文字―感情の激した女性の手紙に、しばしば見られる。

例 MY DEAR FOOTSIE,

I have Fallen in Love with the most wonderful Man. He is of the Strong Silent Type, but believe me, darling, he's far from Dumb!

③小さい大文字

例 In the chapter on Darwin, we refer to EVOLUTION; in that on Rutherford, to the ATOM; in that on Fleming, to PENICILLIN.

④ゴシック体—イタリック体や大文字等のない日本語では、ゴシック体で強調する。

㊟**熊**、そいつが大切なんだよ。（大江健三郎『ピンチランナー調書』）

㈢構文上、文体上の工夫による強調

①倒置—語や語句を転倒して強調する。

㊟Small though he was, he possessed great strength.

㊟こわれた景色に
　夕ぐれはよい
　色のない場末を
　そよそよと歩けば（原民喜『冬』）

②くり返し—語や語句をくり返して強調する。

㊟He is an indifferent sports man, most indifferent.

㊟ひっそりと　枝にはじけつ
　はじけつ
　空に映れる
　青める雪は（原民喜『愛憐』）

③つけ加え

㊟The angry man protested. Vehemently.

㊓王様は怒った。激しく。

④気どり

㊓He was angry, very.

㈣複雑な強調　二重、三重の強調や過度の強調と呼ばれるものを含む。

①二重、三重の感嘆符や、二重の疑問符を用いて強調する。漫画や劇画、諷刺文学以外は控えたい。

㊓He exclaimed, I shall do as I like! when I like!! how I like!!!

㊓飛行機が、雲間から姿を現した。二機！　四機!!　六機!!!

②過度の強調―イタリック体を引用符号でかこんだり、大文字の斜体を用いたり、驚きや休止を意味しない感嘆符を用いたりする。

㊓The word '*décor*' is a Gallisism popular among theatrical critics,....

㊓He *came*, he SAW, he *CONQUERED*.

㊓My friend! this conduct amazes me!

符号編

凡例

一、見出し語は、一般に普及している名称、最もポピュラーな名称を用いた。ただし、日本語に訳語のない場合には、英語の名称を見出し語とした。

一、同一の句読点が、いろいろな名称で呼ばれることがあるが、それらは索引で引けるよう工夫した。

一、見出し語の説明は、原語（主に英語）・形態・淵源（語源や歴史）・名称・用法の順序にした。ただし、これらがすべて揃っているわけではないが、なるべく完全を期した。

一、本辞典を読み易く、利用し易くするために、当用漢字、現代かなづかいで記述することに心がけた。ただし、引用の場合の漢字は新漢字、歴史的かなづかいは一部を除いて新かなづかいに改めてある。

一、英文例は、簡便なものをと心がけたが、そのほとんどを、『句読法案内』（E・パートリッジ著）から引用した。ついでに言えば、本辞典は右の書の翻訳に等しいぐらいの分量を収め、その活用をはかった。

一、略語は次のものを示す。

ギ（ギリシア語）　ラ（ラテン語）　英（英語）　仏（フランス語）　独（ドイツ語）　デ（デンマーク語）等

一、文例は、英語を先にし、日本語を後にした。また、英文例はいちいち和訳をつけていない。用例であるから、一目瞭然のはずである。

一、本辞典は、英語と日本語の句読点活用辞典が狙いであるが、読み物として「句読点語録」を添えた。哲学者、文法学者、文学者の句読考の手がかりが与えられるはずである。

一、資料篇は、新しいものだけにした。

符号編　目次

(1)くぎり符号

読点　、

【原語】

投、豆、逗点。

【形態】

文の中途に用い、呼吸や意味のまとまりを示す、ゴマ状の符号。

【淵源】

中国の秘書省校書式に起源があり、投点、豆点、逗点などと字が当てられた。もっとも、句投、句豆、句逗点という熟字としてであり、読点の読に単独に当てられたわけではない。

【名称】

読点、テン、句とう、チョボ、受点。西欧のコンマに該当する符号。

【用法】

日本語の句読点の中でも、最も厄介で困難な符号である。

明治三十九年に文部大臣官房図書課が示した句読法案のテンの項には、二十一箇条の法則が挙げられている。（原文のまま次に列挙）。

(1)形式ヨリ見レバ終止シタレドモ意義ヨリ考フレバ次ノ文ニ連続セルモノノ下

(2)二ツ以上畳ミタル同趣ノ文ノ下

(3)独立ノ感歎詞及ビ呼掛ノ語ノ下

(4)動詞・形容詞・助動詞ノ中止法ヲ用ヒテ続ケタル同趣ノ語・句・節ノ下

(5)並列セル同趣ノ名詞句・名詞節ノ下

(6)並列セル同趣ノ形容的修飾語・形容的修飾句・形容的修飾節ノ間

(7)並列セル同趣ノ副詞的修飾語・副詞的修飾句の間

(8)複文ノ副詞節ノ下

(9)従属節ヲ含メル副部ノ下

(10)複文ノ主節ノ主語ノ下ニ従属節来レルトキ主語ノ下

(11)或成分ニ相当スル語ヲ特ニ提示セルトキ其下

(12)名詞節ノ下ニ天尓乎波(テニヲハ)ノ無キトキ其下

(13)主部長キトキ其下

(14)他ノ語ヲ修飾スベキ副詞・副詞句ガ下ニ来ル語ヲ修飾スルガ如ク見ユル虞(オソレ)アルトキ其下

(15)他ノ語ヲ修飾スベキ形容的修飾語ガ下ニ来ル語ヲ修飾スルガ如ク見ユル虞アルトキ其下

(16)主語（主部）ガ客語ノ形容的修飾語ノ主ナルガ如ク見ユル虞アルトキ其下

(17)箇々ノ名詞ガ熟語名詞ト紛レ易キ虞アルトキ其間

(18)主語ガ客語ト粘着スル虞アルトキ其下

⒆仮名ニテ書ケルトキ語ト語ト粘着スル虞アルトキ其下
⒇形容的修飾語・形容的修飾句・形容的修飾節ガ並列セル同趣ノアラユル語句ヲ修飾セルトキ
其下
㉑或句ガ上ナル語ト同格ナルトキ其前後

右の法則を骨子として、昭和二十一年に新たに句読法案が示された。テンの条項は十三になり減っている。文部省国語調査室の作成による。

(1)テンは、第一の原則として文の中止に打つ。

(2)終止の形をとっていても、その文意が続く場合にはテンを打つ。

ただし、他のテンとのつり合い上、この場合にマルを打つこともある。

〔付記〕この項のテンは、言わば、半終止符ともいうべきものであるから、将来、特別の符号（例えば「﹆」（シロテン）のごときもの）が広く行われるようになることは望ましい。

(3)テンは、第二の原則として、副詞的語句の前後に打つ。

その上で、口調の上から不必要のものを消すのである。

〔付記〕この項の趣旨は、テンで挾んだ語句を飛ばして読んでみても、一応、文脈が通るように打つのである。これがテンの打ち方における最も重要な、一ばん多く使われる原則であって、この原則の範囲内で、それぞれの文に従い適当に調節するのである。

なお、接続詞、感嘆詞、また、呼びかけや返事の「はい」「いいえ」など、すべて副詞的語句の中に入る。
(4)形容詞的語句が重なる場合にも、前項の原則に準じてテンを打つ。
(5)右の場合、第一の形容詞的語句の下だけに打ってよいことがある。
(6)語なり、意味なりが付着して、読み誤る恐れがある場合に打つ。
(7)テンは読みの間(ま)をあらわす。
(8)提示した語の下に打つ。
(9)中点(ナカテン)と同じ役目に用いるが、特にテンでなくては、かえって読み誤り易い場合がある。
(10)対話または引用文のかぎかっこの前に打つ。
(11)対話または引用文の後を「と」で受けて、その下にテンを打つのに二つの場合がある。
「といって、」「と思って、」などの「と」には打たない。

「と、花子さんは」というように、その「と」の下に主格や、または他の語が来る場合には打つのである。
(12)並列の「と」「も」を伴って主語が重なる場合には原則として打つが、必要でない限りは省略する。
(13)数字の位取りに打つ。
右は、あくまでも句読法案であって、工夫の余地は残されている。文の種類、文の構造、文の形式に応じて、右の法則を基礎にし、修辞的工夫をすれば、文体としての句読点が現出する道理である。

なお、ルールの背景にある理論（セオリー）は、読みにくさを避けたり、読み誤りを避けることにある。

次に文例を挙げるが、番号は説明の番号である。

(例)父も喜び、母も喜んだ。(1)

(例)父も喜んだ、母も喜んだ。(2)

(例)クリモキマシタ、ハチモキマシタ、ウスモキマシタ。(2)

(例)お寺の小僧になって間もない頃、ある日、和尚さんから大そう叱られました。(3)

(例)今、一例として、次の事実を報告する。(3)

(例)くじゃくは、長い、美しい尾を扇のようにひろげました。(4)

(例)静かな、明るい、高原の春です。(4)

(例)まだ火のよく通らない、生のでんぷん粒のあるクズ湯を飲んだ。(5)

(例)村はずれにある、うちの雑木山を開墾しはじめた。(5)

(例)弾き終わって、ベートーベンは、つと立ちあがった。(6)

(例)よく晴れた夜、空を仰ぐ。(6)

(例)「かん、かん、かん。」(7)

(例)秋祭、それは村人にとって最も楽しい日です。(8)

(例)香具山・畝火山（ウネビ）・耳梨山、これを大和の三山という。(8)

㊙まつ、すぎ、ひのき、けやきなど(9)
㊙天地の公道、人倫の常経(9)
㊙水から上ってきた一人は、「さぶい。さぶい。さぶいやーがな」と言いながら、火のそばに走り寄り、お腹の紐をほどき、手首の紐をほどいて、濡れている上衣を手早く剝いだ。(庄野潤三『浮き燈台』)(10)
㊙「これはうまい。」と言って、彼は土産の菓子をガツガツ食った。(11)
㊙「いやぁ……は、は、は」と、太郎はてれ笑いした。(11)
㊙兄と、姉と、私と、弟と、妹の五人で、ハイキングに行った。(12)
㊙一、二九八円(13)

コンマ　，

【原語】

komma（ギ）　comma（英）

【形態】

アポストロフィと同形。ただし、下の位置で用いる。

【淵源】

komma に関係のあるギリシア語に koptein がある。切断、中断の意である。

【名称】

そのままコンマ。日本語の読点に該当するが、読点とは訳さない。句点と訳して用いている人もあるが、ふさわしくない。カンマ。

【用法】

文の部分をくぎるのに用いる。くぎられる部分は、語・句（フレーズ）・節（クローズ）である。ディーンは次の用法を挙げている。

(1)関係代名詞・関係副詞で導かれる節で、解説的な挿入の前後に用いる。

(2)修飾節はコンマで分けて用いる。

⑶条件節と主節の切れめに用いる。
⑷文頭の接続詞の後に用いる。
⑸文中の接続詞の前後に用いる。
⑹挿入節の前後に用いる。
⑺文頭の形容詞の後に用いる。
⑻挿入形容詞の前後に用いる。
⑼付加従文の前に用いる。
⑽付加従文の後に用いる。
⑾文頭の呼びかけ語の後、文中の呼びかけ語の前後に用いる。
⑿文中の同格語句の前後に用いる。
⒀文頭の陳述副詞の後に用いる。
⒁修飾語、名詞、述語が重なる場合、その後に用いる。
⒂引用の前の動詞の後、主節が後なら引用の後に用いる。
これに対して、E・パートリッジは、次のように分け、説明している。
⑴名詞（代名詞）と名詞（代名詞）の間のコンマ。
①三つの名詞（代名詞）が並ぶ場合に用いる。
㊦Jack, Jill and Tom went up the hill.

②四つ以上の名詞（代名詞）が並ぶ場合に用いる。

(例)Jack, and Jill, Tom, Dick and Harry, John Doe and Richard Roe form units in the popular mind.

(2)形容詞の間のコンマ

①二つの形容詞が名詞の後にくる場合に用いる。

(例)George Ⅵ, good and great, died in 1952.

②三つ以上の形容詞の間に用いる。

(例)An odd, strange, curious, queer creature ~

③形容詞が二つずつ and で結びつけられている場合に用いる。

(例)Dim and hazy, vague and nebulous, the inchoate mass baffled all but the keenest eyes.

(3)動詞の間のコンマ

①動詞を and で結びつけない場合には動詞の間に用いる。

(例)She turned, saw, shuddered.

②分詞構文の場合に用いる。

(例)Dancing, he was graceful, but walking, clumsy.

(4)副詞の間のコンマ

三つ以上の副詞が並ぶ場合、and で結びつけられたもの以外は用いる。

㊜He rode fast, furiously and hazardously down the hill.

(5)前置詞の間のコンマ

前置詞の間に用いる。

㊜For him, as for her, the ceremony is binding.

(6)接続詞の間のコンマ

接続詞の間に用いる。

㊜He asked whether, if it were convenient he might look over the house.

(7)単位となる語群（句とは別）の間のコンマ

㊜A flock of sheep, a herd of cattle, a gaggle of geese, a flight of birds, a fortuitous heap of stones, would, by many Australians, especially in country districts, be called a mob.

(8)単語と語群の間のコンマ

単語と語群の間に用いる。

㊜A great tern, a seagull, a solan goose, a common gannet, a crow, a thrush, a sea duck and a duck may not rival in beauty the swan, the golden eagle, the pheasant, the bird of paradise or the humming bird.

(9)単語と句、語群と句、句と句の間のコンマ

単語と句、語群と句、句と句の間に用いる。

㊀In these circumstances he felt that he must, now or never, act daringly, without excessive compunction and with the utmost decisiveness.

(10)地名の間、日付のコンマ

①地名の間に用いる。

㊀Abilene, Taylor County, Texas, must be distinguished from Abilene, Dickinson County, Kansas.

②日付に用いる。

㊀On June 4, 1878, the human race was run, as usual.

(11)あて名、手紙の冒頭、末尾のコンマ

①あて名に用いる。

㊀Master James Jameson,
773, St. Michael's Square,
Daffington,
Berkshire,
England.

②手紙の冒頭に用いる。

(例)DEAR (or, MY DEAR) JAMES,

　It is a long time since ～

③手紙の結末に用いる。

(例)Your sincerely,

　　JOHN SMITH

　As ever,

　　JOHN

⑿数字と記号のコンマとピリオド

①数字に用いる。

(例)1,000；27,000；～

②記号に用いる。

(例)Chapter I, § i. Opinion of famous poets.

⒀単語（分詞も含む）、語群、句（分詞も含む）と節の間のコンマ

単語（分詞も）や語群や句（分詞も）と節の間に用いる。

(例)Evil, he thought all other evil.

⒁節（主節間）の間のコンマ

節が but (yet, nevertheless) で結びつけられている場合は、対照や二番目の節の強調のために用いる。

㊞John felt ill, but nobody seemed to care.

⒂主節と従属節、従属節と主節の間のコンマ

①主節が前にあり、あいまいを避けるために用いる。

㊞He doesn't like me, for I very closely resemble him.

②従属節が前にあり、用いたほうが話し手の便宜になる場合に用いる。

㊞Soon after he arrived home, he went to bed.

⒃従属節と従属節の間のコンマ

従属節と従属節の間に用いる。

㊞When he comes town, if ever he does come, ～

⒄複文（一つの主節、もしくは従属節と二つの従属節、もしくは主節の構成）の中のコンマ

一つの主節、もしくは従属節と二つの従属節、もしくは主節から成る複文の中に用いる。

㊞He came, he saw and, when he had seen enough, he conquered.

⒅非限定節の前後のコンマ

非限定節の前後に用いる。

㊞The headmaster, who was present, agreed to the project.

⒆言説のコンマ

言説が分断される場合には、その前後に、また先立つ場合には必ず用いる。

(例)There remains, he said, nothing to do.

(例)There remains nothing to do, he said.

⒇同格のコンマ

同格を示す場合に用いる。

(例)George Ⅵ, King of England, died for too young.

シロテン　゜

【形態】
白ぬきの読点。

【淵源】
批点（ヒテン）として用いられていたのであるが、明治時代には句点や読点に用いた例がある。

【名称】
批点。今日では、シロテンと呼ばれる。

【用法】
「句読法案」（昭和二十一年）のテンの項に、「終止の形をとっていても、その文意が続く場合にはテンをうつ」（第二項）とあり、その際に、「将来、特別の符号（例えば「゜（シロテン）」のごときもの）が広く行われるようになることは望ましい」（付記）とある。

㊟この真心が天に通じ、人の心をも動かしたのであろう゜彼の事業はようやく村人の間に理解されはじめた。

中点　・

【形態】

文字と文字の中間に位置（左右等間隔）する、ピリオドに似た黒丸。

【淵源】

古くは読点を表す符号として朱（シュ）で、明治時代には印刷により墨（スミ）で用いられたが、今日の中点とは用法が異なる。

【名称】

中点（ナカテン）、中（チュウ）ポツ、ポツ、中黒、中黒点、中黒丸、中丸。

【用法】

句読法案（昭和二十一年）によれば、次の通りである。

①単語の並列の間に用いる。

(例)むら雲、おぼろ雲は、巻雲や薄雲・いわし雲などよりも低い。

(例)まつ・すぎ・ひのき・けやきなどの林が見える。

ただし、読点でもよい。

②読点と中点を併用して、対照的効果を表すのに用いる。

㊎明日、東京を発って、静岡、浜松、名古屋、大阪・京都・神戸、岡山、広島を六日の予定
　で見て来ます。
③主格の助詞「が」を省略した場合には、中点は用いない。
㊎米、英・仏と協商（新聞の見出し）
右の例は、読点を用いている。
④熟語的語句を成す場合には、中点は用いない。
㊎英独仏三国
⑤小数点に用いる。
㊎二四・五％
⑥年月日の言い表しに用いる。
㊎二・二六事件
⑦外来語の区切りに用いる。
㊎テーブル・スピーチ
⑧外国人名の区切りに用いる。
㊎ジョージ・ワシントン
⑨音節の分割に用いる。
㊎punc・tu・a・tion

セミコロン　；

【原語】

semicolon（英）

【形態】

上がピリオド、下がコンマの符号。

【淵源】

歴史的にはコロンの後に生じたと言われている。

【名称】

semiは「半分」の意。コンマとコロンの中間。そのまま、セミコロン。テンコンマ、半二重句点と訳し、呼ばれる。中国では、分号と呼んで用いている。

【用法】

節（セツ）、句、語をくぎる。日本語でも用いるべきだとする説もあるが、まったく普及していない。

E・パートリッジは、三大別し、次のように説明している。

(1)重要な構文要素、特に主節間のセミコロン

①累加―会話や説明の累積的発展、一つの主節から他の主節への進展、一つの主節に他の主節

を追加、主要テーマの連鎖などを示すために用いる。

㊎Like most other human beings, she was born; she married; she had children; she died.

②対立—対立を示すために用いる。

㊎He quailed at the prospect; yet he was a brave man.

③均衡—接続詞、副詞（会話や議論）を省略して釣り合いをとるために用いる。

㊎Eclipse was not merely a fast horse; he liked to race.

④連結語句—also, moreover などの連結語句の前に用いる。

㊎You have these three rooms for yourselves; also you may use the bathroom wherever it is free.

⑤コンマの代わり—文章にはコンマが多いので、その幾つかを強化するために用いる。

㊎As a man, you are hungry; as a fighter, you are weary; as an idealist, you are disgusted; and, again as a man, you will, your hunger satisfied, need a long sleep.

⑥目録（リスト）

㊎*The Fall of Grecized Sardinia*, Book Ⅱ, chapter vii, §5; ibid., Ⅲ, viii, §I; ib., Ⅳ, ix, §3; Ⅴ, ii, §2.

⑦同格の節の分割

(例)The silly fellowsighed gustily; the silly girl sighed wearily; the pair of simpletons sighed simultaneously in imagined forswearing.

⑧特殊な文飾語句—that is, at least, for example などのような語句の前に用いる。

(例)He enjoys the company of women; that is—or, that is to say—of some women.

⑨共通した独立節や独立語句の分離

(例)He needs her; she needs him; the child needs both of them.

⑩接続詞 so の前—so が and so (therefore) の意味で用いられる場合は、その前にセミコロンを用いる。ただし、一律にいかない。

(例)They loved each other; so they were married.

⑪文学的なセミコロン—十八世紀風のセミコロンで、時には古風で、気取りでもあったが、朗読上、修辞上の区別ばかりでなく、文法的な区別をつけられ残存した。用い方では効果的になる。

(例)If the world had; or rather, took; the time to think, the world would be much better off.

(2)主節と従属節の間、従属節間のセミコロン

①主節と従属節間のセミコロン

(例)He did what he was told; because he knew better than to disobey.

②従属節間のセミコロン

㊫When he has eaten; when he has slept; when he has rested, he will take a very different view of things and perhaps he will even become optimistic; if, that is, he is capable of so cheerful an excess.

(3)文の要素間のセミコロン

㊫Fear; shame; remorse; contrition. Such are the subdivisions of this notable book.

コロン　：

【原語】

kōlon（ギ）colon（英）

【形態】

ピリオドを二つ重ねた符号。


【淵源】

元来は、人間や動物の肢のことで、ここから聖歌隊の節の一部、韻律素論（言語の強勢・音調・リズム・休止などを扱う）の分割、さらに文の節を意味し、最後に、節の終わりの息つぎを示す印となった。コロンは、十九世紀、一九二〇年代までは構文上の目的では用いず、通告のコロン程度であり、一九二六年に、H・W・フォーラーの『現代英語慣用辞典』が出版されて、人気を盛りかえし、かえりみられるようになった。二十世紀初めに、有名なフォーラー兄弟の『キングズ・イングリッシュ』が豊饒な反革命の種子を播いた。


【名称】

そのままコロン。ふたつてん、かさねてん、二重句点と訳し、呼ばれる。わが国でも用いたらよいという説もあるが、まったく普及していない。中国では、冒号と呼んで、用いられている。

【用法】

句読点としても、また、非句読点としても用いる。E・パートリッジは、前者を十二に分けて説明している。

(1)句読点としての用法

①通告―演説、引用、内容目録、要約（概略）を示すのに用いる。

(例)The real quotation, as opposed to the form usually given, is: Tomorrow to fresh woods, and pastures new.

②説明や定義

(例)I should explain it in this way: first, you catch your hare; then you jug him; then you eat him.

③同格

(例)George Washington, who died in 1799, was the first President of the United States: he was his country's first truly great man.

④均衡ないし等価―接続詞を欠いた重文で、同格でも並列でも対立でもない特殊用法。

(例)Balance of power is one thing: equality of worth is quite another.

⑤並列―特に、リズムの修辞的均衡を示すために用いる。聖歌に見られる。

(例)Also my flesh dwelleth securely: For thou wilt not leave me to Sheol.

⑥対照・反対—コンマやセミコロンよりも、対照を強化するのに用いたり、強調、語句の分離に用いる。

㊟God in man; man as God: such was Christ on earth.

⑦補充・従属的な考え—特に従属的な考えは対立の効果がある。

㊟He behaved very oddly at times: yet he was a very good fellow.

⑧書き込み

㊟He was: as all men knew: a rascal.

⑨置き換え—接続詞の代わりに用いる。

㊟You like him: nobody else does. (You like him, but nobody else does.)

⑩累加・漸進—累加や漸進は、一連の関連行為、論議の論理的発展、増大する効果の創造により達成される。

㊟Charles rose warily to meet the threat: the intruder rushed at him: attacker and attacked fell heavily.

⑪結論

㊟Your work has recently been very bad: you must do better than that.

⑫促進—コンマが多ければセミコロン、セミコロンが多ければコロンを用いる。

㊟Since the man is dead, as you're aware; since his wife cannot be found, for we have, you know, asked about her; since even the son, or so I have been assured, cannot be found: we must insert an advertisement in the National Press.

(2)非句読点としての用法

住所、年月日、時刻、比、書目の参照を表すのに用いる。

①住所

㊞He lives at 13 The Court: Carter's Terrace: Megalopolis 23

②年月日

㊞4 : vii (7) : 1952（アメリカでは、7 : 4 : 1952 または 7/4 1952）

③時刻

㊞3 : 17′ : 6″ (3 : 17 : 6)

④比

㊞3 : 19（すなわち $\frac{3}{19}$）

⑤書目の参照

㊞*Quarterly* xx : 96（アメリカでは *Quarterly* 20 : 96）

句点　。

【形態】
文の終わりに用いる、小さい円形の符号。

【淵源】
中国の秘書省校書式に起源がある。

【名称】
句点、マル、はしまる、受マル、はじまる。

【用法】
文（完結性と統一性を、その特性とする）の終わりに用いる。普通は、活用語の場合には、終止形の後に用いる。

㊀ビュルルーと砲弾の飛ぶ音が聞え、昨日私が野火を見たあたりの野に、高い土煙が上った。（大岡昇平『野火』）

㊀エヘエジュルスの淋しさ切なさを彼はこの署名に込めていたのである。（大佛次郎『帰郷』）

ピリオド　・

【原語】

periodos（ギ）periodus（ラ）period（英・独）période（仏）

【形態】

文（sentence）の終わりに用いる黒い円。

【淵源】

ギリシア語の periodos は、peri（=around）+hodos（=a way, a road）で、文字通り「ぐるりと廻る」意、ここから「締めくくる」意になった。

【名称】

period のほかに、point（full point または perfect point の略形で、廃れかかっている）や full pause（または complete pause。廃れている）や full stop がある。学者や印刷編集関係者は period を用い、full stop はその他の人々によく用いられている。わが国では、そのままピリオド。終止符、トメテンと訳し、呼ばれる。なお、ピリオドはイギリスで好まれ、フルストップはアメリカで好まれる。ポイント。ストップ。

【用法】

もともとは掉尾文（チョウビブン）（periodic sentence。略して period。文の終わりで、初めて文意が完成する種類の文）の終わりに用いたが、今日では、いかなる文の終わりにでも用いるようになった。要するに、呼吸の終わり、思想の終わり、陳述の終わり――文の終わりを示すのに用いる。

㊉The first chapter tried to separate various entities in the habitual uses of a single word, for example Senses, Implications, Emotions and Moods.（W・エンプソン『複合語の構造』）

日本語では横書きの場合、コンマとともに用いる。

㊉私は，太刀川くんと，富士山に登った.

英語では、三点リーダーの後にピリオドを用いることがある。また、ピリオドの後に三点リーダーを用いることもある。

㊉But despite the glitter of her *ambience*, Daniel Johnson's life was sad. . . .

㊉. . . U. N. strength in Korea—if as now seems likely the truce talks fail. . . .

疑問符　？ ？

【原語】
question mark（英）

【形態】
？の下にピリオドを打った符号。斜傾したのもある。二つ合わせたのもある。

【淵源】
ピリオドの上の？は、ラテン語の quaerere（質問する意）の命令形 quaere の略形であるのではないかと言われる。一説によれば、ラテン語の quaestio（疑問の意）の q が o の上に位置し、o が点になったものとされる。また、ギリシア語の疑問符である；の倒置（インバーション）と考える説もあり、その可能性は否定されていない。

【名称】
question mark（クエスチョン・マーク、イギリスよりもアメリカで普通）、interrogation mark（インタロゲーション・マーク）、mark of interrogation, note of interrogation, point of interrogation（アメリカでは普通）と呼ばれ、日本では疑問符、抑揚符と訳され、印刷編集関係では耳だれ、耳とも呼ぶ。傾斜しているものを、斜め疑問符という。

【用法】

ピリオドを含んでいるところから、終止符としても機能する修辞的句読点の一つ。文の途中に挿入して用いる場合には、かっこで囲むのが普通である。

(例)Where is this going to lead me?

(例)The man, who seemed to be a Sumatran (?), asked for food.

(例)ここは、あなたの思い出の町なの?

(例)私に、アメリカ人（?.）が駅への道を尋ねるのだった。

二重疑問符　??　⁇

【形態】
疑問符を横に二つ並べた符号。

【淵源】
初出は不明であるが、明治時代には用いられていた。視覚的要素が強く、今日では、漫画・劇画以外には、あまり用いない。

【名称】
原語はないが、二重疑問符、重ね疑問符、二つ耳、二つ耳だれと呼ばれる。

【用法】
疑問の意の強調強化、強い疑問を示すのに用いる。

㊒恬（かく）して彼より此に伝え、甲より乙に通じて、

「金剛石（ダイアモンド）！」

「うむ、金剛石だ。」

「金剛石??」

「成程金剛石！」

「まあ、金剛石よ。」

「那（あれ）が金剛石？」

「見給え、金剛石。」

「あら、まあ金剛石??」

「可感（すばらし）い金剛石。」

「可恐（おそろし）い光るのね、金剛石。」

「三百円の金剛石。」

瞬（またた）く間（ひま）に三十余人は相呼び相応じて紳士の富を謳（うた）えり。（尾崎紅葉『金色夜叉』）

感嘆符　！／

【原語】

exclamation mark（英）

【形態】

！の下にピリオドを打った符号。斜傾したのもある。また、二つないし三つを合わせたのもある。

【淵源】

ピリオドの上の！はダガー（dagger 短剣）ではないかと言われる。一説によれば、ギリシア語の iō に由来するラテン語の Io の I が o の上に位置し、o が点になったものとされる。ただし、この説は io が歓喜や勝利の感動であるという事実に支えられている。

【名称】

exclamation mark（エクスクラメーション・マーク）exclamation point（イギリスよりアメリカで普通）、mark of exclamation, note of exclamation, point of exclamation と呼ばれ、わが国では感嘆符、とくに印刷編集関係では雨だれ、シズクと呼ばれる。斜めのものは、斜め雨だれ、斜め感嘆符とも呼ばれる。

【用法】

ピリオドを含んだ符号であるところから、終止符としても機能する修辞的句読点の一つ。感動はもちろん、命令・希求・主張・皮肉を表すのにも用いる。文の中途で用いる場合は、かっこで囲むのが普通である。

(例)Hurrah! Hurrah! Hurrah!

(例)He claimed to be 120 (!) years old and to have met Lincoln.

(例)合格だ！　万歳！

(例)言われた通りにしなさい！

(例)私が鳥であったらなあ！

(例)彼は百二十歳（！）で、リンカーンに会ったことがあると公言している。

(例)彼が……あれで校長かい！

二重感嘆符　!! *!!*

【形態】感嘆符を横に二つ並べた符号。

【淵源】初出は不明だが、視覚的要素が強いので、今日では漫画や劇画、諷刺文学以外には、あまり用いない。

【名称】原語はないが、二重感嘆符、重ね感嘆符、二つ雨だれ、斜めのものは斜め雨だれ二つと呼ばれる。

【用法】感動や感嘆の意の強調強化、強い感動を示すのに用いる。

例He exclaimed, I shall do as I like! when I like!! how I like!!!

例両雄の会見!!　秘書は心底で、ハッキリとそう考えた。（徳永直『太陽のない街』）

三重感嘆符　!!!　*!!!*

【形態】

感嘆符を横に三つ並べた符号。

【淵源】

ごく最近、漫画や劇画で多用されるようになった。文学には、稀にしか用いられない。対で三重疑問符がありそうなものであるが、こちらはない。

【名称】

原語はないが、三重感嘆符と呼ばれる。

【用法】

感嘆の意の最大限の強調強化、最も強い感嘆の意の表現に用いる。

㋑怒らない*!*　怒らない*!!*　怒らない*!!!*（後藤明生『疑問符で終る話』）

ダブルだれ　!?　?!

【形態】
右側（もしくは左側）に疑問符、左側（もしくは右側）に感嘆符を並べた符号。

【淵源】
英語では左側が疑問符のダブルだれ（単に合成符号と呼ぶ）が、日本では両者が用いられる。

【名称】
疑問符は「耳だれ」、感嘆符は「雨だれ」と呼ぶところから、「ダブルだれ」と呼ばれる。

【用法】
疑問の意の強調強化が普通である。それに感嘆の意が添えられる。二重の目的に用いる。

㊀Where on earth can he have gone?!

㊀——どうだ!?　活動写真を、地でゆこうってんだ——。（徳永直『太陽のない街』）

アポストロフィ　’

【原語】

apostrophos（ギ）　apostrophus（ラ）　apostrophe（英）

【形態】

コンマとまったく同じ形だが、これは文字等の右肩につける符号。

【名称】

そのままアポストロフィ。短縮してアポ。省略符と訳し呼ばれる。

【用法】

E・パートリッジは次のように分け、説明している。

(1)省略符号として用いる。

㊒I fear I can't manage it. (cannot)

(2)所有格や属格に用いる。元来は、-e の省略を示した。

①変化しない名詞に用いる。

㊒A wolf in sheep' clothing—Wolves in sheep's clothing

②中途や末尾が変化する名詞に用いる。

㊎A goose's gander—geese's ganders
㊎A mouse's paradise—mice's titbits
③外国語の複数を持っている名詞に用いる。
㊎One automaton's emotions, like three automata's, are precisely nil.
④普通名詞（-s または -es をつけて複数にする名詞）に用いる。
㊎a boy's coat—four boys' tickets
ⓐ-nce で終わる名詞に用いる。
㊎for conscience' sake
ⓑ-s のついた固有の名称に用いる。
㊎Thucydides' History
ⓒs-s 型の単語に用いる。
㊎Xerxes' army
ⓓ短縮形に用いる。
㊎James I's; the General Electrical Co.'s balance-sheet
ⓔ語群の所有格に用いる。
㊎William and Mary's reign

(3)引用や会話を閉じる符号として用いる。シングルで用いる場合とダブルで用いる場合とがある。

㊀'He was a good fellow.'

㊀"'He was a good fellow.'"

(4)文字・数字・記号の複数を示す符号として用いる。

㊀two 1's

(5)演説や詩の中途で、人物や物に呼びかける、修辞上の符号（頓呼）として用いる。

かぎかっこ　「」「」

【形態】
角が直角の、鉤（カギ）状のかっこ。一重、二重の二種がある。

【名称】
一重のものを一重かぎ、単にかぎ、ひっかけ、二重のものを区別して、二重かぎと呼ぶ。かぎ、を総称として用いることもある。ただし、書名や誌名は二重かぎを用いることが多い。

【用法】
英語のクォテーション・マークに該当し、引用や会話、強調強化、皮肉、それに書名や誌・紙名などを示すのに用いる。ただし、書名や誌名は二重かぎを用いることが多い。

㊀学生が先生に対する招待状に「枯れ木も山の賑いですから」と記したという話と似たりよったりということになりかねない。（岩淵悦太郎『国語の心』）

㊀「ほう、金粉が採れたんですかい」
「今でも少しはあっかも知れねえだわし」（中山義秀『厚物咲』）

㊀これは、符号に属するものであるが、「、」や「。」によって、文脈の断続を示し、“j'ai”“I'll”のアポストロフィのように、音声には、全く無関係な、文法的職能を表わすものが

ある。（時枝誠記『現代の国語学』）

㊙彼は、「進歩的文化人」であるが、保身の術のうまさも定評がある。

㊙紅葉が、本野社長と衝突して「読売」をやめたという報らせは、読者にも文壇人や新聞関係者にも衝撃を与えた。（巖谷大四『波の跫音―巖谷小波伝』）

㊙権田直助著『国文句読法』の「総説」は、誰が読んでも感心させられるだろう。

二重かぎ　『　』

【形態】
角が直角の、二重の鉤状のかっこ。

【名称】
かぎかっこと用法も異なるところから、区別して二重かぎ、二重ひっかけと呼ばれる。

【用法】
引用の中の引用、会話の中の引用や会話を示したり、書名・誌名に用いる。

㊐「うゝん、ほんとうなんだよ。ぼく、あの出っぱなのとこで泳いでいたら、あのおばさん……あ、こっちからじゃよく見えないな。出っぱなの向こうの岩の上にいたんだよ。そして、『進さん、進さん。』って、ぼくの名まえを呼ぶから、『なに。』って言ったら、おかにあがるんだから、つれてってちょうだいって言うんだ。で、ぼく、その岩のほうに行ってあのおばさんをかかえるようにして、こっちへ泳いできたら、海ん中でいきなり、ぼくの口にくちびるをおっつけたんだ。」（山本有三『波』）

㊐「政治とは審美主義に対する救済手段である」という言葉を、しばらくまえに、トマス・マンの『非政治的人間の考察』のなかで読んだことがある。（中村雄二郎『現代情念論―美と政

治との間―』）

書名や誌名は、二重かぎを用いることが多い。ただし、書物や雑誌の中の章などは、一重かぎで示す。

㊐G・H・ヴァリンズの『ベター・イングリッシュ』の第八章「句読法」の中では、コンマ・ハイフン・アポストロフィが扱われている。

角がっこ　［　］［］

【原語】

brāchium（ラ） bragget（古形） bracket（英）

【形態】

かっこの一つ。角（カド）の四角なかっこ。

【淵源】

音楽用語としては「漸次弱奏」の意。句読点としては「角がっこ」の意の域を出ない。

【名称】

そのままブラケット。角（カク）がっこ、大がっこ、箱パーレンと訳し、呼ばれる。

【用法】

C・H・ビビアンとB・M・ジャクソンは、次の二つに分け、説明している。

①引用文の中、編集上の挿入、引用者の挿入。

㋷Samuel Butler describes undue self-esteem in one of his characters in *The Way of All Flesh*, "He [George Pointifex] had a good healthy sence of *meum*, and as little of *tuum* as he could help."

②かっこの中

㊥The famous dagger scene in *Macbeth* (II : i : 33-64 [pp. 851-852 in the Oxford edition]) illustrates the working of a disturbed mind.

かっこ　（　）　( )

【原語】
parenthesis（ギ）（英）

【形態】
語句や文などを囲む、一対の、外側へ湾曲したかっこ。弓形のかっこ。

【淵源】
ギリシア語の parenthesis は、para （＝beside)＋en （＝in)＋thesis （＝a placing) であり、thesis は tithenai (＝place, put, set) に由来する。それゆえ、「わきに挿入する」意である。

【名称】
parentheses は parenthesis の複数形で、日本では短縮してパーレン。かっこ、丸がっこ、挿入符と訳し、呼ばれる。

【用法】
ある文の基本的な意味に、別の語句や文を添える符号で、句読点としての用法、非句読点としての用法がある。前者を、E・パートリッジは次の四つに分け、説明している。なお、補足し、日本語の用法を添えた。

(1) 句読点としての用法

①注釈―語句に注釈をつけるのに用いる。

(例)The Red Indians have (to some, a disquieting thought) much in common with Mongols.

②説明―注釈と似ているが、説明は直前の語句と密接な結びつきがある。

(例)『伊勢物語』の主人公は、在中将（在原業平）と言われる。

(例)*Virtue* (Latin *virtus*, courage) has undergone a fascinating series of sence-changes.

(例)螢雪の功（晋の車胤（シャイン）は油が買えず、集めた螢の光で勉強し、孫康（ソンコウ）は雪明りで読書した故事から、苦労することを「螢雪」、その甲斐があったことを「螢雪の功」と言う）成って、彼は志望大学に合格した。

③重要でない、後からの思いつき、ダッシュで表すこともできる。ダッシュにはかっこの働きもあるからである。

(例)You should read *The Welsh Mind*, by Gwyn Caradoc (a Welshman), for I'd like to have your opinion.

(例)あの男が涙を見せるなんて（薄情な男だから）、珍しいこともあるものだ。

④内話（内的独白）―心中の独白を示すのに用いる。

(例)（ラジオと、鏡……ラジオと、鏡……）――まるで、人間の全生活を、その二つだけで組立てられると言わんばかりの執念である。（安部公房『砂の女』）

⑤参照—書名・作者名・巻数・頁数など、参照を示すのに用いる。

㊞In his recent book (Life among the atomists) the intrepid publicist has rendered a great service to his country: and in the last chapter but one (pp. 336-372) he has devised a plan that could save it.

㊞「殻を閉じた二枚貝のような抑揚のない声」（八十頁十三行目）のような比喩が、この作者（安部公房）の、この作品（砂の女）には、ずいぶんとある。

(2)非句読点としての用法

①数学で、一つの単位として見積もられたり、扱われたりする、二つの数量を囲むのに用いる。

㊞$(3a+9b+15c)\times(3x+9y+15z)$

二重パーレン　︽　︾　《　》

【形態】
語句や文などを囲む、一対の、外側へ湾曲した、二重のかっこ。二重の弓形かっこ。

【淵源】
「かっこ」の項参照。

【名称】
二重かっこ、二重パーレン。

【用法】
かっこの中に、さらに引用や注釈などを含む場合に用いるが、人によってはわずらわしいのでかっこで代用する。

㊍（俺はよく《生意気だ》と言われて殴られたもんだ）と口に出して言おうとして、黙った。殴られた話など、みっともないからである。

すみつきパーレン　【　】【】

【名称】
かめのこがっこ、太亀甲（フトキッコウ）、黒キッコー、すみつきパーレン、ブラケット、ゴシックパーレン、電報パーレン。白ヌキもある。

【用法】
辞典類に多く用いられる。語句を囲むかっこの一つ。注記に用いる。

㊎【注】〔1〕デンマーク Denmark〔2〕アンデルセン Anderson 詩人（一八〇五―一八七五）

山形　︿﹀　〈〉

【原語】

angle brackets（英）

【形態】

山の形のかっこ。一重のと二重のと二種ある。

【淵源】

英語の square parentheses（角がっこ）と呼ばれるものの一つ。フランス語の引用符号。

【名称】

アングル・ブラケット、ギュメ、ギメ、フランスパーレン、山パーレン。山形（ヤマガタ）と訳し、呼ばれる。

【用法】

英語では印刷者に指示を与えるのに用い、フランス語では引用符号として用いる。日本語では、かぎかっこ、かっこ、ちょんちょんがっこなどと併用し、引用や内話や書名などを示すのに用いる。

㊀例 At the Battle of Hastings, sometimes called the Battle of Senlac, '1066 and All

That' 〈or in italics without quotes〉, William of Normandy became William the Conqueror.

(例)人間のこの基本的特徴をハイデッガーは〈世界内存在〉とよぶ。（ジーン・ブロッカー＊山内登美雄訳『無意味の意味』）

(例)その空の色が背後に拡っていて、明子の小さい姿がハアフ・トーンの影絵となって佇んでいる。彼女が空の方へ一歩踏みこめば、その姿は彼の視界から消えてしまう。そのときは、〈豊かな光を含んだあの空は、明子のものでもあるが、同時に自分一人だけのものにもなるのだ。〉そのことを、嘗て彼は願ったことはなかったろうか。（吉行淳之介『黒い手袋』）

(例)八木義徳氏の〈あるブロンズ像の話〉は、傑作ではないが妙に感動的である。（E・G・サイデンステッカー『豊かな想像力』）

ギュメ　〈〉《》

【形態】
二重の、山の形のかっこ。

【淵源】
「山形」の項参照。

【名称】
ギュメ、ギメ、二重山形、二重ギュメ、二重山パーレン。

【用法】
山形の中に、引用や注釈などを含む場合に用いる。

キッコー　〔 〕〔 〕

【形態】
角が鈍角のかっこ。一重のと二重のとある。

【名称】
そでがっこ、キッコー、亀甲パーレン、ブラケット。

【用法】
辞典類でよく用いるかっこの一つ。作家では池波正太郎が多用する。

㋕彦次郎がつくる歯みがき用の〔総楊子(ふさようじ)〕と〔平楊子〕は、浅草観音の参道にある卯(う)の木屋だけで売っている。（池波正太郎『梅安初時雨』）

㋕ここは、小野照明神の真向いにある店で、軒下の掛行燈(あんどん)に、〔蜆汁(しじみ)・川魚・鮒宗(ふなそう)〕と、しるしてある。（同『梅安蟻地獄』）

二重キッコー　〘〙　〘〙

【形態】

二重のそでがっこ。

【名称】

二重キッコーと呼ばれる。

【用法】

辞書などで、学問的分野の類別等を示す。

㊄Indicative　1 指示する　2 〘文法〙直接法の，叙実法の（研究社『新英和大辞典』）

中がっこ　{ }　︷︸

【原語】
vincire（ラ　厳密には uincire）　vinculum（英）　brace（英）

【形態】
bracket（角がっこ）の角を曲線にして、中央を突出させたかっこ。

【淵源】
ラテン語の vincire はつなぎの意。

【名称】
vinculum と brace（ブレース）という、二つの呼び名があり、しばしば bracket とも呼ばれるが、これは前者にはふさわしくない。中（チュウ）がっこ、こうもりと訳し、呼ばれる。

【用法】
二つ以上の単語等をくくり、はっきりさせると同時に、視覚的な補助も兼ねる。

㊀ bad
good } Teutonic
evil

excellent
favourable } Latin

右の例は、*Bad, good, evil* are Teutonic; *excellent* and *favourable*, Latin. という文に該当する。

半がっこ　）

【形態】

横書きのかっこの閉じの部分。

【名称】

横書きのかっこの半分しかないところから、半がっこと呼ばれる。

【用法】

身体検査票の視力を表すのに用いる。裸眼と矯正視力を書きわける。

㊟0.8）1.2

クォテーション・マーク　‘ ’

【原語】
quotation mark（英）　single quotes（英）

【形態】

転倒したコンマとアポストロフィを対に用いた符号。手書きやタイプでは、″や′を用いる。


【名称】

そのまま、クォテーション・マーク。アポ、逆アポ。引用符と訳し、呼ばれる。


【用法】

語句や文の引用、会話を示すのに用いる。引用文の中に引用がある場合には、まず全体を‘ ’で示し、内部の引用には“ ”を用いる。日本語のかぎと二重かぎの関係と同じである。E・パートリッジは、次の八つに分け、説明している。

①引用

㊎You have declared, ‘I am Tecumseh Siwash’. But can you prove that you are?

②強調や重要さ—重要な語句を強調する場合に用いる。

㊎He objects to all misusages, but especially to ‘anticipate’ used as a synonyms of 'expect'.

③対照・対立―イタリック体と比較される用法。わずらわしくて、表面的なので、避けるほうがよい。

(例)'Moral law' he revered, 'ethical obligation' he resented.

④特殊化―明確化、とりわけ、あいまいな一般性から鮮明な特殊性への転換のために重要である。

(例)Abstract nouns, especially 'veneration' and 'virtue' have a long and often intricate semantic history.

⑤専門語・俗語・方言・無教養な表現

(例)This is the process—some call it the principle—known as 'ease of pronunciation'.

⑥外国語

(例)Lucy found his 'savoir-faire' and 'je ne sais quoi' almost irresistible. She remembered that her own ideal was one of 'sans peur et sans reproche'.

⑦書物・雑誌の題名

(例)He must have read that newspaper article—'How to Flee Fleas'—in *The Funmaker*.

⑧印刷上の用法―引用の中の引用は、外側を' 'にすれば内側は" "、またこの逆でもよい。

(例)'I don't much care for your addiction to such horrific words as "eventuality" and

“transpire”,” he said, for more in sorrow than in anger.
’’の使用頻度は低い。

ダブル・クォテーション・マーク “ ” ‟ ”

【原語】

double quotation marks（英） double quotes（英）

【形態】

二重のクォテーション・マーク。逆さアポの形もある。

【名称】

そのままダブル・クォテーション・マーク。ダブル・クォーツ。しかし、ダブル・アポがわが国では一般的。二重逆アポ。二重引用符と訳し、呼ばれる。

【用法】

現代はシングルがよく用いられるが、松田福松は次のように分け、説明している。また、ダブルを単独で用いず、シングルと併用する場合は、わが国のかぎと二重かぎの間の関係と似ている。
(1) 直接引用
①文の引用
㊥Locke said, “God, when he makes the prophet, does not unmake the man.”

②句の引用

㊀I refer to his feeling of the profanation of thinking to what is good "from scientifics."

③語の引用

㊀He knew his debt to his austere education, and made no secret of his contempt for the born kings, and for "the hereditary asses," as he coarsely styled the Bourbons.

(2)作品名、新聞・雑誌名の前後

①作品名の前後

㊀The songs "Bonnie Pegy Alison" and "Mary Morison" may have been for Alison Begbie.

②新聞・雑誌名の前後

㊀I read "The Times" and he reads "The Reader's Digest".

(3)　ピリオドやコンマは内側、セミコロン・コロンは外側に用いる。

①ピリオドは内側に用いる。

㊀"God has granted," says the Koran, "to every people a prophet in its own tongue."

②セミコロンやコロンは外側に用いる。

㊀The advocates of liberty, and of progress, are "ideologist":—a word of contempt often in his mouth;—"Necker is an ideologist"; "Lafayetee is an ideologist."

(4)疑問符や感嘆符は、引用文に属するものは内側、全文に属するものは外側に用いる。

①疑問符や感嘆符が引用文に属する場合は内側に用いる。

㊄He asked me, "Who are you?"

㊄He ran out of the house and shouted, "Fire!"

②疑問符や感嘆符が全文に属する場合は外側に用いる。

㊄Who rote "Home, Sweet Home"?

㊄How beautifully she sang "Auld Lang Syne"!

(5)引用が重なる場合は、ダブルとシングルを交互に重ねる。

㊄Theodore Parker said: "Democracy means, not 'I'm as good as you are,' but 'You're as good as I am.'"

“”の使用頻度は低い。

ちょんちょんがっこ　〃

【形態】

手書き、タイプのクォテーション・マークに似て、カタカナの「ノ」の字を二つ並べた符号。

【淵源】

昭和十年代の初め頃より、日本の新聞に登場している。クォテーション・マークなどの代わりの役割を果たしている。

【名称】

ちょんちょんがっこ、ちょんちょん、ダブル・ミニュート、ノのかぎ、ひげ、鷹の爪、猫の爪。

【用法】

数多いかっこ類の一つ。強調や区別に用いるが、作家の丸谷才一は次のように分け、説明している。
①一部の人間の物の見方を示すのに用いる。
その言葉に問題があるが……と留意してみせたり、客観的な報道と少し異なると断わるニュアンスを表す。

㋱ひばりショー　突然中止の怪
「テレビに遅れる」と
老人ら四百人カンカン
〃客が少ないからだろう〃（『読売新聞』昭和五十三年二月十三日付）

②ある人物の主張や思考の内容をまとめた形であるのを示すのに用いる。直接の引用は一重かぎを用いて区別する。

㋱〃警笛がうるさい〃
駅に脅迫状の郵便局員逮捕（『夕刊フジ』昭和五十三年二月十日付）

③あだ名や冗談、それに比喩的表現に用いる。

㋱〃古葉ファミリー野球〃、〃知恵袋〃ブレイザーコーチ（同　昭和五十三年二月二十八日付）

㋱ドラフト〃お墨付き〃
瀬戸山法相が合憲の見解（『朝日新聞』昭和五十三年二月十八日付）

④ワード・グループ（語群）を示すのに用いる。圏(ケン)点を打った感じになる。

㋱〃永井つぶし〃をねらう太田氏
都知事選出馬表明（『読売新聞』昭和五十三年二月十七日付）

リーダー　……　…　------　---

【原語】

leader（英）

【形態】

点（ピリオド）・ハイフン（短いダッシュ）を、二つないしそれ以上並列した符号。

【名称】

そのままリーダー。ハイフン・ダッシュのものはミシン罫（ケイ）、点線ダッシュ、破線リーダーと訳し、呼ばれる。視線を右へリード (lead) する意。

【用法】

内容や索引の一覧に用いる。（二点リーダー、三点リーダー、六点リーダーは各々の項参照）。

㊄Sonnet, by Wordsworth……………p. 97
　Ode, by Dryden-----------------p.167

㊄Greek……………………hudōr
Latin-----------------aqua
English…………………water

二点リーダー　‥

【原語】
dots（英）
【形態】
ピリオドを二つ並べた形。
【名称】
二連点、二点リーダーと呼ばれる。
【用法】
リーダー類の中では用いられることが少ないものの代表である。余情・余韻を示す。
㊞そのかみの友のしたしさ。
あてびとの子よりも　貴（アテ）に
もの言へば、ことば匂ひし―
まれまれは思ひぞ出づる‥（釈迢空「三田飄眇集」）

三点リーダー　…

【原語】
three dots, triple dots（英）

【形態】
点（ピリオド）を三つ並列した符号。

【名称】
三連点、三点リーダー（リーダーは点のほかにハイフンや短いダッシュを用いる）と訳し、呼ばれる。

【用法】
時間の経過や主題の突然の転換、文字の省略、不明文字や数の欠落を示すのに用いる点(dots)の一種。三つないし三つ以上の語（文ではない）の省略を示したり、行為の間、思考のとぎれ、対話の躊躇を暗示するのにも用いる。三つの点の間の間隔は、長短がある。

㊞He did not know what to do. . . To whom could he turn? . . . Where seek refuge?

㊞夜になった…少年はすぐ眠りに落ちた。まったく静かだった…(あるいは…)。

六点リーダー　……　……

【原語】

six dots（英）

【形態】

点（ピリオド）を六つ並列した符号。

【名称】

六連点、テンテン（二連点、二点リーダー、三連点、三点リーダー等の総称であるが、日本では六点リーダーが代表）と訳し、呼ばれる。

【用法】

時間の経過や主題の突然の転換、文字の省略、不明文字や数の欠落を示すのに用いる点(dots)の一種。一つの文ないし幾つかの文の省略を示したり、行為の間（マ）、思考のとぎれ、対話の躊躇を暗示するのにも用いる。日本では、三連点との質的な区別は、ほとんどない。英語では三点リーダーが普通で、六点リーダーは珍しい。三点リーダーとの相違は主観的なものであり、間差はほとんど認めがたい。

㊞At midnight he knocked. The door opened...... The sun was shining brightly when he continued his journey.

(例)彼は窓ににじり寄る……窓を開ける……そして恐る恐る下を覗いた。

(例)生きつづけるのか……死ぬのか……どうしたらいいか……彼はハムレットのように迷った。

テンセン　┆┆

【形態】

テンテンに似ているミシン罫。

【名称】

テンセン、ミシン罫、リーダーと呼ばれる。

【用法】

「テンテン」「リーダー」の用法参照。昭和二十一年の文部省国語調査室編「句読法案」によると、次の二つの用法が挙げられている。

①会話で無言を示すために用いる。

㋶「┆┆┆」

②つなぎに用いる。

㋶第一章序説┆┆┆┆┆┆┆一頁

テンテン　……　………

【原語】

dots（英）

【形態】

二つないしそれ以上の並列された点。テンセンとは区別される。

【名称】

連続した点、テンテンは、点の数から二連点、三連点、六連点などの別があり、テンテンはその総称。リーダー。

【用法】

日本では間を示す情緒的用法が多いが、ダッシュに準じて論理的用法も見られる。六連点が普通で二字分の長さをあてる。「三連点」「六連点」の各項参照せよ。

①躊躇

㊐どう……続けようか……それとも……（安部公房『箱男』）

②挿入

㊐「こんなうまい話に……どうかしているよ……ぼくなら、一も二もなく、飛びついてしま

うがね。」（同）

③熟考

㊎「かまわないけど……」（同）

④とぎれる思考

㊎でも、なんたって、つらいのは朝早く起きることだな。つらいなあ……いくらロードワークだなんていったって、走るのは案外平気だろ……起きて、服を着替えるとき……本当に、あれ、どうしようもないよね……ねむくて、寒くて……早く夏になったらいいなあと思って、もう、そればっかり……いやになってしまうよなあ……（安部公房『時の崖』）

⑤沈黙

「……」

⑥感動詞的な余情・余韻

——泳いで渡ったんだって

ドーヴァ海峡を……（天野忠『ドーヴァ海峡』）

⑦省略

㊎「一九四……年

強烈な太陽と火の菫の戦線で

おれはなんの理由もなく倒れた（略）」（田村隆一『一九四〇年代・夏』）

六連点でなく三連点（一字分）で十分。
アメリカでは点一つを用いる。

ダッシュ　──

【原語】

dash（英）dashen（中世英語）daske（デ）

【形態】

ハイフンより長い線（棒）。長短がある。

【淵源】
to dash に由来する。その意味は、強く打つ（砕く）こと。突然に、または激しく投げること。ここから、不用意に投げ込むこと。さらに、不用意に、または突然書くこと。不用意に、または突然に頁に挿入すること。to dash は中世英語の dashen に由来し、さらに、この語はスカンジナビア語（デンマーク語の daske=to beat, to strike と比較するとよい）に由来すると言われる。

【名称】

そのままダッシュ。ダッシ、ダーシ。ナカセン、中棒、棒、罫、単柱と訳し、呼ばれる。


【用法】

かっこよりは強く、突然の表現に用いる。補助符号の一つ。句読点、非句読点としての用法がある。E・パートリッジは、次のように分け、説明している。なお、ダッシュの用法の例には、それぞれ日本語の用法を添えた。また、日本語では二字分、英語では一字分の長さが普通である。

(1)句読点としての用法

①挿入―かっこよりは、くくられる事柄を、より明瞭に、より決定的に引き立たせる。

(例)The country's exports might have gravely—but certainly not disastrously—decreased in that short period.

(例)彼は軍人――著名な軍人だった――政治家が嫌ったほどの。

②同格―コンマを用いるのが普通だが、際立たせたり、軽視されるのを防いだりする目的でダッシュを用いる。

(例)Boy—king—genius—he had, by the time he was twelve, more impressed the world than many a king of sixty.

(例)知らせを聞いて――聞きながら震えおののき――その結果を心にかけ、彼は手近の馬のくつわをとると、夜の闇の中へ――忘却の中へ駆けて行った。

③突然の開始―あくまで突然の開始で、ダッシュで文頭が強化される場合とは区別される。

(例)—Well, there it was. He had caused the ruins of a public figure.

(例)――ところで、まさにそれが原因で、彼は市長の座を去ったのである。

④文頭の語句の強化―直接には強勢、間接には分離である。

㊖Him—how right he was to do so, I shall prove—the chieftain feared.

㊖徐々に——まったく死ぬ思いで——彼女は固く閉ざされた扉のノブをまわした。

⑤突然の中止—文末を劇的にするために用いる。

㊖Of course you may do it, I shall be delighted if you do it—but why you should do it, I cannot see.

㊖そこに彼は立った——アメリカで最も有名な男が。

⑥文末の語句の分離—修辞的工夫である。

㊖He was brave, loyal, energetic, ingenious—was Tom Jones, the country's youngest soldier.

㊖結局、唯一つの種族しか存在しない——人間である。

⑦文末の語句の強調—文体論的にはさまざまな工夫があるが、句読点を用いる場合にはダッシュを用いる。

㊖He was afraid of no person and of only one thing—fear.

㊖長い、骨の折れる探究の後、彼が発見したものは、なんと——墓場だった。

⑧感動のダッシュ—突然に挿入して、話の中断に用いる。

㊖Somewhere over there—yes, there he is—you can see the heavy weight champion of Cambodia.

(例)あそこに見えるのは——そうです、あなたには見えるでしょう——われわれの首相です。

⑨概括や予告—詳述の後で要約したり、詳説の前で予告する。

(例)A pair of sparkling eyes, a dimpled chin, a pert nose, shell—like ears—in short, a pretty face—will sometimes obtain more than a brilliant mind could hope to obtain.

(例)正確な抑揚、メリハリの効いたアクセント、間のうまい取りかた、内容にふさわしい音調(リズム)——要するに、うまい話しぶり——は、多数の聴衆をひきつけた。

⑩退屈で、長く、だらだら続いた文の後。いつまでも続く話に、突然、ダッシュを用いて結論に導く。

(例)Many a tedious list, threatening to disappear over the horizon and to drag with it the somnolent reader or auditor, will, either from the narrator's exhaustion or maybe a timely forgetfulness or by his firm intent, unexpectedly and blessedly, suddenly and mercifully—end.

(例)冗長と対照的な簡潔、簡潔とは短くて含蓄のあること、俗悪と比較される優雅、優雅とは高尚で美しいこと、時には必要な大胆さを向うにまわす細心さ、偏向のない一途な純粋さ、簡潔・優雅・細心・純粋は、文章の——理想である。

⑪後になって思いついた考え—文体論上はさまざまな工夫があるが、ダッシュはコンマより明確、セミコロンより力強い。

(例)yesterday he left for Spain—and yet I wonder whether, in fact, he did leave England at all.

(例)彼女は帽子をかぶっていたよ——白い、清楚な夏帽子だったので憶えている。

⑫質疑応答や対話

(例)Where will you be tomorrow?—At Land's End, I hope.—But can you get there in time?—Oh, yes, I should think so.

(例)——金曜日、平目のフライだ。そうだ、平目のフライだろ?

——思い出した。思い出したわ。平目のフライね。これで安心したわ。(金井美恵子『愛の生活』)

⑬躊躇した、または支離滅裂な会話—ためらったり、支離滅裂な会話には、間が生ずるが、それを示すのにダッシュを用いる。

(例)I don't know—I can't think what to do. I—er—hardly like to—er—say outright—I mean definitely—decisively—how I feel about this—er—about this difficult situation.

(例)君は、ずばぬけた——そのう——才能もあり——それに——えーと——努力家だし——人柄も——そのう——申し分ないが——ただ一つ——えーと——言いにくいことだが——そのう——欠点がある。それは——えーと——人との交際が——ほとんど無いことだ。

⑭熟考の不完全、意図した疑惑—考えがほのめかされたり、陳述が不完全に表現される場合には、表現されない部分はダッシュを用いる。

㊟If, of course, you cannot see your way clear to do this—.

㊟もし、この仕事がうまくいかなかったとすると——。

⑮警句風なダッシュ—意味深長な間を示すために用いる。

㊟He always pays his debts—if he thinks of it.

㊟小説を書ける者は小説家になる。小説を書けない者が——批評家になる。

(2)非句読点としての用法

①省略を示すのに用いる。

㊟The famous Mr— was seen dining last night with the infamous Mme—;

㊟G——氏は嘘つきだ。

②引用を示すのに用いる。

㊟Very like a whale.—SHAKESPEARE.

㊟われ以外みな師なり——吉川英治

③これらのほかに価格、書目、目録を示すのに用いる。

二重ダッシュ　‖　＝

【形態】

二本のダッシュを並べた符号。

【名称】

二重ダッシュ、二重ダーシ、双(ソウ)ケイと呼ばれる。

【用法】

ダッシュに準ずる用法。しかし、ほとんど見かけない。

波 〜

【原語】

swung dash（英）

【形態】

短い波状の符号。ごく短い波線。

【名称】

スワング・ダッシュ。波形(ナミガタ)、波、波形ダーシ、波ダッシュ、波ダーシと訳し、呼ばれる。

【用法】

「から〜まで」の意や省略を示すのに用いる。

㊞会津八一（明治一四・八・一〜昭和三一・一一・二一）

㊞高崎〜上野（列車区間）

㊞「山路を登りながら、こう考えた。智に働けば角が立つ。情に棹(さお)させば流される。意地を通せば窮屈だ。兎角に人の世は住みにくい。住みにくさが高(こう)じると〜」は、夏目漱石の『草枕』の冒頭の名文句である。

ハイフン　‐

【原語】

huphen, huph'hen（ギ）　hyphen（ラ）　hyphen（英）

【形態】

ダッシュよりも短い横線あるいは縦線のつなぎ符号。二本のもの（二重ハイフン）もある。

【淵源】

ギリシア語は hupo（＝under）＋hen（＝one）の意で、ここから「一つに」(into one) あるいは「ともに」(together) の意となった。

【名称】

ハイフンとそのままでも用いるが、つなぎ、つなぎてん、連字符、接辞符と訳し、呼ばれる。

【用法】

ハイフンは、英語では二つの機能を持つ符号である。一つは分割であり、他はつなぎである。わが国では、人名、地名のつなぎとしてのみ用いる。

(1)分割の符号として用いる。

①単語の音節（シラブル）を分割するのに用いる。

㊞di-vi-sion

②どもったり、躊躇したりする発音、すすり泣きやあえぎに用いる。

㊞Boo-hoo, I d-don't w-want to s-s-see him.

③行の最後にくる単語が不完全ならば、ハイフンを用いる。

㊞At last he himself has unveiled the mys-
tery.

④不安（サスペンス）や通告に用いる。

㊞A four- or six-cylindered motorcar

⑤もともと、つながっている単語を分節して示す場合に用いる。

㊞In *graminivorous*, *-vorous* means 'eating'.

(2)
つなぎ又は合成の符号として用いる。

〔A〕一般的用法

①ハイフンは美的理由で省略が許される場合には省略する。

㊞today (to-day は減少の傾向にある)

②関係の程度により、ハイフンを用いたり用いなかったりする。

㊞walking stick, walking-stick, walkingstick

③意味の相違を示すのに用いる。

㊇breathing-space（息の休止《インターバル》を示す）
breathing space（息の空白《スペース》を示す）

④語句が形容詞、名詞として用いられる場合にはハイフンを用いる。
㊇a come-hither look（蠱惑的な目つき）

⑤意味のあいまいさを避けるのに用いる。
㊇He sold three farthing candles.（一台が一ファージング銅貨）
He sold three-farthing candles.（一台が三ファージング銅貨）

〔B〕特殊用法

(a)雑多なもの

①あいまいさを避けるのに用いる。
㊇co-worker, auto-audible

②二番目の構成要素が大文字の場合、その前に用いる。
㊇Anglo-American

③最初の構成要素が self の場合に用いる。
㊇Self-love

④接頭辞 co が o で始まる構成要素につづく場合に用いる。
㊇co-operative

⑤pre または re に、e で始まる構成要素がつづく場合に用いる。
㊝pre-empt, re-employ
⑥二番目の構成要素が文字通りの意味で用いられる場合にはハイフンを用いる。
㊝re-form（再形成する） reform（修繕する）
⑦最初の構成要素や接頭辞が a、i で終わり、次の成分が a、i で始まる場合に用いる。
㊝contra-active
⑧一つの単語の内部に、子音が三つ続いた場合、明瞭にするためと発音のまちがいをなくすために、三番目の子音の前に用いる。
㊝Inverness-shire
(b) 複合名詞
①to, and, between ～ and の意味でハイフンを用いる。
㊝London-Cape Town airway
②二つの名詞が同格の場合、and の意味でハイフンを用いる。
㊝King-Emperor
③度量衡の標準的、技術的単位に用いる。
㊝sea-mile, foot-ton
④三つ以上の名詞がつづく場合に用いる。

㊑horse-power year

⑤大文字で始まる名詞が、形容詞もしくは動詞として用いられる場合にハイフンを用いる。

㊑X-ray, eyes

⑥畳語に用いる。

㊑clip-clop

⑦最初の構成要素が所有格の場合、あいまいになるのを避けるために用いる。

㊑lamb's-foot

⑧伝統的に用いる場合がある。

㊑country-dance

⑨複合名詞が形容詞として用いられる場合には、ハイフンを用いる。

㊑price-current publications

⑩動詞と名詞の複合に用いる。

㊑save-all

⑪動詞と動詞の複合に用いる。

㊑never-was

⑫動詞から派生したり、副詞に先行するものとして -er をつけている行為者名詞は、両者の間に用いる。

㊣listener-in

⑬副詞と名詞の複合に用いる。

㊣up-bow

⑭動詞と副詞、副詞と動詞の複合に用いる。

㊣tie-up

⑮三つ以上の名詞の複合に用いる。

㊣man-of-war

⑯三つ以上の名詞から成る地名に用いる。

㊣Burton-on-Trent

(c) 複合形容詞

①形容詞と形容詞に用いる。

㊣dark-blue

②固有名詞が形容詞の場合、その固有名詞の間に用いる。

㊣the Chicago-New York train

③形容詞と現在分詞の複合に用いる。

㊣good-looking

④形容詞と過去分詞の複合に用いる。

㊎better-placed

⑤形容詞と名詞の複合に用いる。

㊎first-class

⑥形容詞と名詞＋ed　の複合に用いる。

㊎able-bodied

⑦名詞と形容詞の複合に用いる。

㊎snow-blind

⑧名詞と分詞形容詞の複合に用いる。

㊎high-born

⑨形容詞と動詞の複合に用いる。

㊎quick-fire

⑩名詞と名詞の複合に用いる。

㊎one-and-a-half

⑪名詞と現在分詞の複合に用いる。

㊎a stem-winding watch

⑫名詞と過去分詞の複合に用いる。

㊎air-cooled

⑬名詞と名詞＋ed の複合に用いる。

(例)a bull-necked man

⑭過去分詞と、最後が -ly でない副詞の複合に用いる。

(例)burnt-out farmhouse

⑮副詞と現在分詞の複合に用いる。

(例)far-seeing

⑯副詞と過去分詞の複合に用いる。

(例)a far-flung empire

⑰副詞の ill, well との複合に用いる。

(例)ill-looking

⑱複合形容詞における副詞的接頭辞に用いる。

(例)mis-shapen（形を歪めた）

⑲形容詞として用いられる前置詞句に用いる。

(例)a face-to-face interview

⑳付加限定的に用いられた句は、あいまいを避けるためにハイフンを用いる。

(例)Black-and-white contrasts inevitably lead to exaggeration.

㉑三つ以上の要素から成る形容詞句に用いる。

㊎a happy-go-lucky boy（あなたまかせの少年）

(d)複合動詞

①形容詞と名詞を結びつける動詞に用いる。

㊎to cold-shoulder someone（人をすげなく扱うこと）

②形容詞が（①と関連して）、予測を表したり、助格であったりする場合に用いる。

㊎to cold-hammer metal

③あいまいを避けるために、必要な場合は用いる。

㊎He lies-in in the morning

(e)複合副詞

①ハイフンを用いる形容詞に **-ly** をつけた副詞には、ハイフンを用いる。

㊎double-facedly

②二つ以上の語から成る副詞に用いる。

㊎He acted queer-like.

(f)複合接頭辞

①a-

㊎a-fishing

②by-

(例)by-law（アメリカではハイフンなし）
③counter-
(例)counter-attraction
④down-
(例)down-stroke
⑤mid-
(例)mid-day（英米とも増大しつつある）
⑥off-
(例)off-licence
⑦on-
(例)on-play
⑧over-（「過度」の意の場合に用いる）
(例)over-act
⑨ante-（「前」の意）
(例)ante-classical
⑩anti-（「対抗して」の意）
(例)anti-icer

⑪de-（「～から」の意）

㊀de-ice

⑫extra-（「～を越えて」の意。「付加的」「異常に」の意の場合に用いる）

㊀extra-nice

⑬infra-（「下に」の意。母音の前に用いる）

㊀infra-axillary

⑭non-（「～でない」の意。イギリスのみ用いる）

㊀non-moral

⑮post-（「後」の意）

㊀post-Classical

⑯pre-（「前」の意）

㊀a pre-engineering course

⑰pro-（「前に」の意）

㊀pro-Ally

⑱sub-（「下」の意）

㊀sub-group

⑲supra-（「上」の意）

(例)supra-angular
⑳ultra-（「越えて」の意）
(例)ultra-academic
㉑vice-（「代わりに」の意）
(例)vice-admiral
㉒oxy-（「鋭い」の意）
(例)oxy-acetylene（酸素アセチレン）
㉓pseudo-（「にせの」の意）
(例)pseudo-Christian

日本語では、つなぎ符号として、次のように用いる。

①人名や地名を表す。
(例)パウル・クレー
(例)イタリア・ボローニャ
②外国語の語間に用いる。
(例)ペンギン・ブックス

太ハイフン　▪ ▬

【形態】

ハイフンを太くした符号。

【名称】

太いハイフンの意味で、太ハイフンと呼ばれる。

【用法】

つなぎ符号として用いるが、ほとんど見かけない。

二重ハイフン　＝　=

【形態】
ダッシュよりは短い、二本の、横線あるいは縦線のつなぎ符号。

【淵源】
「ハイフン」の項参照。

【名称】
二重ハイフンと呼ばれる。

【用法】
人名などのつなぎに用いる。
㊎ナポレオン=ボナパルト
㊎アーネスト=ヘミングウェイ

アキュート・アクセント ´

【原語】acute accent（英）

【形態】アクセントのある母音の上につけるノの字。

【淵源】フランス語のアクセント符号。

【名称】アキュート・アクセント。揚音符と訳し、呼ばれる。

【用法】当該母音の上に用いる。

(例)employé

ウイング ˇ

【原語】
wing（英）

【形態】
c、s、r の上につける翼状の符号。

【淵源】
スラブ語、とくにチェコ語のアクセント符号で、子音の帯気音を示す。

【名称】
英語では、ウイングと呼ばれる。

【用法】
c の上につける場合には、tch と発音する。
㊊čapek (tchapek)

ウムラウト　¨

【原語】

umlaut（独）

【形態】

ä、ü、öのように、当該母音の上にピリオドを二つ並べた符号。

【淵源】

一つの母音が、つづく母音と同化することを示す。ドイツ語の Müller は要するに Mueller に等しい。同様に、Göring は Goering に等しい。英語・フランス語では、つづいている母音の二番目が発音されることを示す。

【名称】

そのままウムラウト。ダイエラシス（dieresis）。分音符号と訳し、呼ばれる。

【用法】

a、u、oの上に用いる。

㊒coöperate

㊒naïve

曲折アクセント　＾

【原語】

circumflex accent（英）

【形態】

アクセントのある母音の上につける山形。

【淵源】

古代ギリシアでは、長母音の上に置かれ、昇降調 (a rising-falling tone) を示した。フランス語では、省略の s が含まれる。

【名称】

サーカムフレクス・アクセント。カラット。曲折アクセント、抑揚音符と訳し、呼ばれる。

【用法】

当該母音の上に用いる。

㋲fête

グレーブ・アクセント　`

【原語】

grave accent（英）

【形態】

アクセントのある母音の上につける、左上から右下へ斜めの、短い棒状符号。

【淵源】

フランス語のアクセント符号。イタリア語では、facoltà とあれば tà の音節（シラブル）が強調される。

【名称】

グレーブ・アクセント。抑音符と訳し、呼ばれる。

【用法】

当該母音の上に用いる。

㊡première

シディラ　Ç

【原語】
cedilla（仏）

【形態】
母音のa、u、oの前にあるcの下につけるコンマ状符号。

【淵源】
フランス語ではSと発音されることを示している。

【名称】
シディラ。S字音符号と訳し、呼ばれる。

【用法】
a、u、oの前のcの下に用いる。

㊀façade

㊀François

チルダ　～

【原語】

tilde（ス）

【形態】

当該母音の上につける波形。

【淵源】

スペイン語ではnの上につけて口蓋音化を示す。cañon は英語化すると canyon となる。ポルトガル語ではa、oの上につけて鼻音化を示す。

【名称】

チルダ、チルド、チルディ、ウェーブ。波形符号と訳し、呼ばれる。

【用法】

当該母音の上につけ、スペイン語では口蓋音化、ポルトガル語では鼻音化を示すのに用いる。

㊒señor（ス）

㊒são（ポ）

ブリーブ　（ ）

【原語】
breve（ラ）（英）
【形態】
短母音の上につける閉じかっこ状符号。
【淵源】
ラテン語の形容詞 brevis の中性。short（短い）を意味する。
【名称】
ブリーブ。ショート。短音符と訳し、呼ばれる。
【用法】
当該母音の上に ă、ĭ、ŭ、ĕ、ŏ のように用いる。
㋲ ămid

マクロン　¯

【原語】
macron（ギ）（英）
【形態】
長母音の上につける、短いダッシュ。
【淵源】
ギリシア語の形容詞 makros の中性。long（長い）を意味する。
【名称】
マクロン。ロング。長音符と訳し、呼ばれる。
【用法】
当該母音の上に、ā、ī、ū、ē、ō のように用いる。
㋩cāme
㋩bē

アステリスク　＊

【原語】
asterisk（ギ）（英）

【形態】
光を発する星の形をした符号。

【淵源】
asterisk は、ギリシア語で、「小さい星」の意。

【名称】
そのままアステリスク。スター。こんぺいとう、星標と訳し、呼ばれる。

【用法】
E・パートリッジは、次の四つに分け、説明している。

①文字の省略―ダッシュやテンテンに比較される用法。

㋫d**n or d***, for d—n or d—, da—mn.

②時間の経過・突然の移行―一行アキに匹敵する用法

㋫ . . . and after a long painful illness, John X. died.

* * * * * *

After the funeral, the heir set about putting the estate in order.

③脚註—日本では頭註にも用いる。

(例)An asterisk* is a well-established device . . .

*Asterisk is a word coming from Greek and literally it means a little star.

④特殊な性格—どこか別の箇所で定義されている場合は、アステリスクを用いるだけである。

(例)*colon, *comma, *period, *parentheses, dash, full stop（＊の語がギリシア語であることを示す）

(例)*イタリック体は強調する方法の一つである。（イタリック体が別のところで説明されていることを示す）

アステリズム　⁂

【原語】

asterism（英）

【形態】

アステリスクを、三つ、三角状に並べた符号。

【淵源】

一つ星の asterisk は、ギリシア語で「小さな星」の意。それが三つ重なったものの意の複数。

【名称】

そのままアステリズム。三星標（サンセイヒョウ）（星じるし、星標を三つ重ねた標識（マーク））と訳し、呼ばれる。

【用法】

「アステリスク」の項参照

米じるし　※

【形態】
象形文字化した「米」という字を四十五度傾斜させた符号。

【名称】
その形態の由来から、米印（コメジルシ）と呼ばれる。

【用法】
重要な語句や文の頭につける。
㋑格言「提燈に釣鐘」
※「月とスッポン」との比較

セクション　§

【原語】
section mark（英）

【形態】
ローマ字のSを二つ、縦に連ねた符号。

【淵源】
文章の章・節・項を示し、section を意味する、一種の象形文字化（記号化）である。

【名称】
呼び名は原語でセクションとそのまま呼ばれ、ナワ、章標、節標と訳し、呼ばれる。

【用法】
ダブル・セクションとの間には、用法に序列がある。

ダブル・セクション　§§

【原語】
double section mark（英）

【形態】
セクションを横に二つ並べた符号。

【名称】
ダブル・セクションと原語でそのまま呼ばれ、二重章標、二重節標と訳す。

【用法】
セクションとの間には、用法に序列がある。

ダガー †

【原語】
dagger（英）

【形態】
ダガーは、もともと短剣、短刀、あいくちの意があり、短剣の形。

【名称】
そのまま、ダガー。剣じるし、剣標、短剣標、短剣符と訳し、呼ばれる。

【用法】
頭註、脚註などの註釈のために用いる。別の符号（たとえばアステリズムやアステリスク）が用いられている場合に併用することもある。

㊝(略)In a private communication,† Mr Collins asks me to 'damn the nasty practice of separating with a comma a subject from its verb, and a verb from its object' (or presumably its complement).（E・パートリッジ『句読法案内』）

ダブル・ダガー　‡

【原語】

double dagger（英）

【形態】

短剣を二つ連ねた形。

【名称】

ダブル・ダガー。二重剣じるし、二重剣標、二重短剣標、二重短剣符と訳し、呼ばれる。

【用法】

頭註、脚註などの註釈のために用いるのだが、ダガーとの区別・序列を示し、併用する。日本語の文章では、ダガーとともに見かけない。欧文でも珍しい。

フィスト ☞

【原語】

fist, index mark（英）

【形態】

フィストは握りこぶし、げんこつの意があり、人指し指で右方向を示す形の符号。

【名称】

フィスト、インデックス・マーク。ハンド。手、指じるし、指標と訳し、呼ばれる。

【用法】

辞書などで、別の項目を引くように示す、索引の指標に用いる。

㊄〘経済〙指数（index number）: a price〜物価指数／a facial〜顔面指数／an〜of refraction =a refractive〜〘理〙屈折率／☞cephalic [cranial] index.（研究社『新英和大辞典』）

一の字点　〻

【形態】
点を打って、はねた形。

【名称】
一の字点、一つ点、平がな送り、平がながえし、送り点と呼ばれ、二の字点と区別される。点一つのところから呼ばれる。

【用法】
かな書きの一語の中で、同音をくり返す場合にだけ用いる。
㋰あ〻、た〻み、と〻のえる

くの字点　〱

【形態】
二字分のくの字。細長いくの字。

【名称】
ひらがなのくの字に似ているところから、くの字点と呼ばれる。二倍送り、大がえし。

【用法】
二字のかなをくり返す時だけ用いる。三字以上にわたる場合や、二字以上の漢語や、横書きの場合には用いない。

㊀いろ〱、わざ〱、しみ〲と

同（どう）の字点　々

【形態】

仝（どう）の字のくずし字。


【名称】

漢字一字のくり返し符号であるところから、同の字点と呼ばれる。漢字送り、漢字がえし、漢くり。


【用法】

漢字一字のくり返しの時にだけ用いる。くり返し符号のところで次の行にまたがる場合には、もとの漢字を用いるようにする。

㋐人々、国々、年々、日々

二の字点　〻

【形態】

点を打って、はね、もう一つ点を打った、くり返し符号。

【名称】

二の字点。二の字に似ているところから呼ばれる。ピリピリ、二の字送り。一の字点とは区別される。

【用法】

原則として用いない。

ノ（の）の点　〃

【形態】

カタカナのノの字を二つ並べた、くり返し符号。

【名称】

ノの点。カタカナのノを並べたところから呼ばれる。同じくチョンチョン。

【用法】

表や簿記などで、くり返しを示すために用いる。

㊖５月10日　男物シューズ　20足　ⓐ2,000円　¥40,000円
　　　　　　女物サンダル　20〃　ⓐ　500円　〃10,000円

イタリック体　*Italics*

【原語】

italics（英）

【形態】

右へ傾斜している字体。

【淵源】

一五〇一年に、ベニスの印刷工・Aldo Manutio（ラテン語では Aldus Manutius）によりデザイン化され、初めて用いられた。

【用法】

イタリック体を用いると「強調や重要性や対照」（ウェブスター）を表すことができる。E・パートリッジは、次の八つに分け、説明している。

①強調—書き手が強調したい単語や句や文に用いる。ほかに方法がない場合に限るのがよい。本来、文体上は、構文か、レトリックによるものである。

㊀He *hates* me.

②重要性—強調に似ている。主材の重要性である。

(例)He was brave, kind, *good.*

③対照—朗読上の、修辞上の、文体上の工夫を構成する。しかし、単語をうまく並べれば、それだけで効果的であるから、用いすぎるのも興ざめである。

(例)To Dives the *world,* to Cleopatra the *flesh,* to Mephistopheles the *Devil.*

④特殊化—書き手が、ある語や句や節を選択したい場合、イタリック体で書く。読み手がそれに気づき、思案することが確実なものとなる。

(例)I think that *hubris* is the word you want.

⑤専門語・俗語・方言—これらをイタリック体で際立たせる。会話の場合には、イタリック体を用いる正当性は乏しい。多くの場合、自然に同化しているからである。

(例)Here, then, was the *trainasium* of which we had heard so much.

⑥外国語—ギリシア語やラテン語等は英語になじまない。異国趣味を示したりするのにはよい。

(例)He wore his *fin de siécle Weltshumerz* and *accidia* with a most engaging *panache* and *hauteur.*

⑦書物や定期刊行物の題名—全体をイタリック体で示す。

(例)I see in *The Times* that X. died yesterday.

⑧引用

(例)He coldly said *Good-day to you, Sir,* and turned abruptly to his companion.

大文字　ＡＢＣ

【原語】

capital（英）

【形態】

小文字とは大きさ（高さ）により区別される。

【淵源】
capital letter の略形で、ラテン語の capitalis（頭）に由来し、このラテン語は caput の語幹 capit に由来する。

【名称】

大文字と普通は訳すが、頭文字とも訳す。しかし、頭文字は initial letter の訳語で、文字通り、最初の文字であり、必ずしも大文字の意味ではない。


【用法】

大文字の使用は、句読点同様に、意味作用と十分に関連を持たせねばならない。ウェブスターは最初の、包括的な分類を『新国際辞典』で試み、Ｅ・パートリッジは補足した形で、次の十三に分け、説明している。なお、日本語では活字の大小はあるが、大文字を用いる習慣はない。

(1)句読点としての用法

①すべての文の初めに用いる。

例He is a boy.

②ピリオドの後にかぎらず、大文字を必要とする疑問符や感嘆符の後に用いる。

例What did you see? And what did you do?

③定義・形式的な記述・目録・スピーチを知らせるコロンの後に用いる。

例I replied: You can't do that, at least not here.

④文の内部に、会話や完全な文の引用を含む場合には、内部の文に先行するのが、コンマでもコロンでもダッシュでも、内部の文の初めに用いる。

例I asked him point-blank, Then why do it?

(2)レトリックとしての用法

①呼格の o と感嘆詞の oh は大文字を用いる。

例Tell me, O my son, how you contrived to spend so much money in so short a time.

②擬人法に用いる。

例Of old sat Freedom on the heights.

(3)印刷上の用法

①第一人称のIは大文字を用いる。i、j、lとかの形との混乱を避けたのが始まりである。

㊄I have an apple in my hand.

②詩では各行の初めに大文字を用いる。

㊄Lars Dorsenna of Clusium,
By the nine gods he swore,
That the great house of Tarquin
Should suffer wrong no more.

(4)文学上の用法

①書名・巻・部・章・節などの一連なりの語を紹介するのに用いる。

㊄In *the Rise and Fall of Fission*, Book Ⅲ, part ii, Chapter 2, Section C, we find a puzzling reference to *Don Juan*, Canto Ⅱ.

②Dear, My dear につづく語に大文字を用いる。

㊄DEAR SIR OR MADAM,
This may seem to be an unconventional approach. As it happens....

(5)法律上の用法

①遺言は大文字を用いる。

㊄His Will has not been made known.

(6)商業上の用法

商標名は大文字を用いる。

㊙He owns a Rolls Royce, a Cadillac and a Ford.

(7)公務上の用法

①区・郡・州・省・県・連邦などは大文字を用いる。

㊙Cape Province (C. P.) of South Africa

②州議会・国会などの議員（メンバー）のような、政府や地方自治体の称号は大文字を用いる。

㊙Minister（大臣）、Governor（知事）、President（大統領）

③軍隊名は大文字を用いる。

㊙the United States Navy

④軍関係の単位の名称は大文字を用いる。

㊙H. M. S. Apollo

(8)宗教上の用法

①神は大文字を用いる。

㊙God the Father

②神の代名詞や所有形容詞は大文字を用いる。

㊙God in His infinite mercy

③聖書や聖書の部分は大文字を用いる。
㊀the (The) Bible
④直接派生した形容詞を文学用語に用いる場合は大文字を用いる。
㊀Biblical criticism
⑤宗派・教派の名称、成員、位階、聖堂や教会、礼拝堂には大文字を用いる。
㊀Judaism

(9) 日暦
①聖日や儀式など、特別の休日は大文字を用いる。
㊀Thursday, August 7, 1952

(10) 歴史上の用法
①時代は大文字を用いる。
㊀the Christian Era
②条約や協約、法律や行為、重要な出来事は大文字を用いる。
㊀the Treaty of Versailles
③国会・県会・市会および他の立法機関、自治体、政党、政治的・行政的・宗教的・科学的等の組織体や集団、展覧会・展示会・催し物は大文字を用いる。
㊀the Parliament of Britain

(11) 地理上・地誌上の用法
東西、南北などの分割は大文字を用いる。
㊟the Old world and the New

(12) 科学上・技術上の用法
① 属や種(シュ)は大文字を用いる。
㊟Houstonia caerulea
② 科・目・綱・門は大文字を用いる。
㊟Campanulaceae Campanulatae Dicotyledoneae SPERMAPOPHYTA
③ 惑星、星座、彗星や流星、地球、月、太陽の名称は大文字を用いる。
㊟The most important planets are Earth, Venus, Mars, Mercury, Jupiter, Saturn, Uranus, Nepture and Pluto.
④ 専門語は大文字を用いる。
㊟English grammer is now treated under the three main heads of phonology, Accidence, Syntax.

(13) 固有の名称に用いる。
① 場所や個人の名称は大文字を用いる。
㊟Mont Blanc

②書物の題、新聞・雑誌の名称、星や惑星の名称、船や飛行船の名称、連隊、月日や聖日は大文字を用いる。

(例)(1)〜(12)参照

③固有の名称に結びついている名誉の称号は大文字を用いる。

(例)Queen Elizabeth the Second

④固有名詞として役立つ通り名は大文字を用いる。

(例)William the Conqueror

⑤種族や国民の名称、民族や部族の名称は大文字を用いる。

(例)The French speak a Roman language.

⑥固有名詞の派生語は大文字を用いる。

(例)Georgian poetry, i. e. English poetry of the reign of King George the Fifth

⑦普通名詞が固有名詞になったり特殊化されたりする場合に大文字を用いる。

(例)I must speak to Father about that. (My father)

⑧あだ名や愛称は大文字を用いる。

(例)Ponny

ゴシック体　ゴシック

【原語】

gothic（英）

【形態】

セリフ（serif と綴り、Hなどの縦棒の上下に見られる細い線のことで、ひげ飾りとも言う）のない肉太文字。日本語では、一様に同じ肉太の書体。

【名称】

英国では black letter とも言われる。アメリカでは、sanserif を指し、これは英国で grotesque と呼ぶものに当たる。ゴシック体、ゴチック体。肉太文字と訳し、呼ばれる。

【種類】

ゴシック体には二種類ある。角(カク)ゴチと丸ゴチである。丸ゴチは角(カド)を落として丸くしたもの。

【用法】

イタリック体のない日本では、ゴシック体を用い、単語や語句や文を強調する。作家では、ここ数年来、大江健三郎が多用している。

㊥愉快な力強い声で、**近ごろ歯が伸びてきたとおっしゃる方がおられます。しかし大人にな**

ってからの歯は伸びるものではありません。歯茎がおとろえたのです。(『ピンチランナー調書』)

㊕そのように考えねばならない、そうすればわれわれは気が狂ってしまう。(同)

㊕「ヤマメ軍団」の噂は、きみも聞いているのじゃないだろうか?(同)

㊕熊、そいつが大切なんだよ。(同)

㊕それにしても、おいっ! とはなあ。(同)

㊕ドッと笑う柔順な兵隊どもを。(同)

㊕ザザ、ザ、ザ、ザ、ガーン! とね(同)

スモール・キャピタル　ABC

【原語】
small capital（英）

【形態】
小文字と活字の大きさを、やや同じくする大文字。

【名称】
スモール・キャピタル。小さい大文字と訳し、呼ばれる。

【用法】
強調したい場合に用いる。E・パートリッジの言う「強調の様式」の一つである。

㊊Thus, in the chapter on Darwin, we refer to EVOLUTION; in that on Rutherford, to the ATOM; in that on Fleming, to PENICILLIN.

アンダーライン

【原語】
underline（英）

【形態】
語句や文の下に引く線。一本のものや二本のもの、それに波線（wavy line）がある。

【名称】
そのままアンダーライン。下線（カセン）と訳し、呼ばれる。

【用法】
強調を示すのは、句読点・イタリック体・ゴシック体・クォテーション・マーク、それに文構成や文体上の工夫によるが、アンダーラインも強調の一形態である。欧文、左横書きに限る。

㊀ You will now see that it is quite impossible to give any <u>precise rules</u> for the use of these several points (Cobbett)（原文はイタリック体）

㊀ <u>約束をすること</u>と<u>約束を守ること</u>とは，別のことである。

日本語左横書きの場合、強調の他の符号は、語や語句や文の上に付けるのが普通。

ワキセン　――――

【形態】

語や語句や文の右側に引く線。

【名称】

ワキセン、傍線と呼ばれる。

【用法】

アンダーラインと同じで、強調強化、注意を引くために用いる。右縦書きに限る。

㊟句読法のルール（決まり）とセオリー（理論）は同じものではないが、緊密な関係、不即不離の関係にある。

㊟「英語ですとね、「fellow traveller というのです」（堀田善衛『広場の孤独』）

ワキテン　、、、

【形態】

文字の右傍につけるゴマ点。今日では、ゴマ点だけになったが、二葉亭四迷の『余が翻訳の基準』には、二重丸・黒三角・黒丸が用いられている。

【名称】

ワキテン、ゴマ点、傍点と呼ばれる。

【用法】

アンダーライン、ワキセンと同じく、強調強化、注意を引くのに用いる。

㊞要するに人知に依りて一の知識を作りその知識を応用して他の知識と杆格する処なければハ即ち之を名けて真理とハいふ也（二葉亭四迷『落葉のはきよせ　三籠め』）

㊞「句読点も文字の一つだ」とは佐藤春夫の言葉だそうだが、まさにその通りである。（伊藤正雄『文章のすすめ』後篇）

段落標　P（ピー）　¶（キュー）

【原語】

paragraphos（ギ） paragraphus（ラ） paragraph（英・独） paragraphe（仏）

【形態】

改行してインデントする（一字下げる）形式。

【淵源】

ギリシア語は、「傍らに引かれた線」(a line, a stroke, drawn at the side) の意で、paragraphein は write (=graphein)+beside (=para) の意である。この記号は、パラグラフの頭文字Pの、一種の象形文字化（記号化）である。

【名称】

パラグラフ。段落標、段落、段、文段、体段と訳し、呼ばれる。　符号はP（ピー）、¶（キュー）と読む。

【用法】

一行アキよりは小さい、文章の切れめを示す。

段落と段落の連接は、市川孝によれば文の連接に準じて、八つの型（タイプ）に分けられる。(1)転換型、(2)添加型、(3)順接型、(4)逆接型、(5)対比型、(6)同列型、(7)補足型、(8)連鎖型がそれである。

(1)は、前の段落の内容に対して、異なった内容を、後の段落で持ち出す形式で、接続語句には「ところで」「ときに」「さて」「いずれにせよ」などを用いる。(2)は、前の段落の内容に、後の文の内容を付け足す形式で、接続語句には「そして」「それから」「また」「ついで」「そのうえ」「なお」などを用いる。(3)は、前の段落の内容をもとにして、それに沿って後の段落の内容を述べる形式で、接続語句には「だから」「したがって」「では」「すると」「こうして」などを用いる。(4)は、前の段落の内容とは逆に後の段落の内容を述べる形式で、接続語句には「しかし」「それなのに」「ところが」「ただし」などを用いる。(5)は、前の段落の内容に、後の段落の内容を比較・対立させ、また選択させる形式で、接続語句には「それより」「一方」「逆に」「そのかわり」「それとも」などを用いる。(6)は、前の段落の内容を、後の段落でくり返したり、詳述したり、言い換えたり、縮約したりする形式で、接続語句には「すなわち」「とりわけ」「換言すれば」「つまり」などを用いる。(7)は、前の段落の内容に対して、後の段落で、理由・原因などの説明を補う形式で、接続語句には「なぜなら」「ただし」などを用いる。(8)は、前の段落の内容に密着して、いろいろな形で後の段落の内容を述べる形式で、接続語句は一般に用いない。この段落どうしが、意味上まとまっていれば意味段落と呼び、それらの幾つかの段落を、単なる形式段落とは区別する。

また、段落展開の型(タイプ)は、平井昌夫によれば十四に分けられる。(1)自分の意見で展開する型、(2)自分の感想で展開する型、(3)論理の筋道で展開する型、(4)定義で展開する型、(5)事実で展開する型、(6)実例で展開する型、(7)説明や解説で展開する型、(8)比喩で展開する型、(9)引用とそれの感想で展開する型、(10)挿話（エピソード）や逸話（アネクドート）で展開する型、(11)人から聞いた話で展開する型、(12)比較または対照で展開する型、(13)批判や検討で展開する型、(14)具体的な描写で展開する型がそれである。

㊞¶ As Alexander Bain, philosopher and rhetorician, has remarked, a paragraph is a series of sentences—or perhaps only one sentence—informed and unified by a single purpose. 'Between one paragraph and another,' he says, 'there is a greater break in the subject than between one sentence and another. The internal arrangement comes under laws that are essentially the same as in a sentence, but on a greater scale.'

¶ 'The Paragraph laws,' he continues, 'are important, not only for their own sake, but also for their bearing on an entire composition. They are the general principles that must regulate the structure of sections, chapters, and books. . . . . . We may adapt an old homely maxim, and say, "Look to the Paragraphs, and the Discourse will take care of itself".'

¶ Each paragraph corresponds to a topic, an aspect, an incident of the exposition or description or narrative. Once you have established the architectonics of a book, the natural chapter-order ensues; once you have established the ordonnance of a chapter or, as it may be, of a self-contained article or essay, you will find—indeed, you have already found—that particular order of treatment which is superior to all others. Hence the general rule:

¶ By establishing the order in which you wish to make the points of your exposition or your argument, to set forth the incidents of your narrative, the aspects of your description, you simultaneously and inevitably establish the division into paragraphs, and the natural, because the best—the best, because the entirely natural—order of those paragraphs.（E・パートリッジ『句読法案内』）

段落は英語のパラグラフ（paragraph）の訳語です。文段とか節とかいうコトバを使っている人もありますが、段落というコトバが一般的になってきました。段落の問題はわが国では比較的軽く扱われてきましたが、アメリカやイギリスあたりの作文指導の参考書では、作文の練習の主眼を段落の作り方においているのかと思わせるような記述がめだちます。

段落の考えは、ヨーロッパでも歴史が新しく、文章を書くときのたいせつな要件とされだしたのは中世紀以後のことです。そして、段落に分けることは、読み手に対し文章を読みやすくするサービスの方法の一つと考えられてきました。このことは、単語や文の概念と比べると、段落の概念の規則性がゆるやかだということを物語っています。要するに、段落に分ける形式上の客観的なきまりが立てにくいということです。

それはそれとして、コミュニケーション(伝達)ということを重く考える現代の文章観では、読み手へのわかりやすさの用意ということがたいせつになってきましたので、段落の作り方についてかなりきびしい要求をするようになりました。したがって、段落の作り方のよしあしを採点の項目に入れるのも当然なことになったと思います。

さて、文章というコトバで、作文なり論文なりの全体をさす意味を表わすようになってきました。文章は普通いくつかの段落から成立しています。短い文章ですと、形式の上では、一段落が一文章のこともありますが、通常はいくつかの段落が集まって一つの文章の形をなしています。

ところで、段落というのは、何かをコトバで表現していくときの一つ一つの考えのまとまりです。話すときでも書くときでも、われわれは内容をいっきょに表現することはできません。ちょうどパノラマの絵が、橋とか学校とか川とかを連続的に現わしていくように、ひとまとまりの考えが相互に連続しながら次々と表現されていきます。そして、話しコトバによる場合ですと、息を切ったり、接続のコトバをはさんだり、念をおすコトバをそえたり、声を調節したりして、考えのまとまりを相手に知らせます。書きコトバによるばあいも同じで、表記の形を変えることで一つ一つの考えのまとまりを相互に区別します。すなわち、段落に分けることは、考えのまとまりであることを読み手に知らせる手段です。文章全体は書き手が予定している大きな考えを表現しているのですが、大きな考えを一挙に示したのでは読み手に理解してもらうのが困難ですし、一挙に示しにくいのです。そこで、大きな考えをいくつかの単位にくぎって、いわば小出しにしていくのです。ですから、段落に分けるということは、前に述べたように、読み手に読みやすくしてあげるサービスということになるのです。

また、書き手の側からすれば、大きな考え、したがって、ぼんやりしている考えでもありかなり抽象的でもある考えを整理し、筋道を立てることになります。したがって、段落の分け方や段落そのものがごたごたしているのは、書き手の考え自体がごたごたしているのと同じです。(平井昌夫編『文章採点法』)

斜線 ／

【原語】
virgula（ラ　厳密には uirgula） virgulu（英） oblique（仏）

【形態】
右上から左下へ斜めに傾いた線。

【淵源】
ラテン語の virgula は小枝、小さい棒の意。フランス語の oblique は oblique stroke もしくは oblique line を縮小したもので、元来は、コンマを書いたり、印刷したりする時のフランス流のやり方で、コンマのフランス名とも言える。

【名称】
virgulu と oblique という、二つの呼び名があり、いずれも斜線の意味である。

【用法】
コンマの代わりに用いたり、単語の分割（行の終わりで）に用いたりするが、後者の場合は今日、ハイフンを用いるようになった。日本では、詩文や散文を引用する際に、行の終わりや段落の区切りを示すのに用い、行変えや段落を切らずに引用できるので、便利な符号である。価格や分数を示すのにも用いる。

(例)London／New York／San Francisco／Honolulu／Perth or Port Darwin

(例)The bus took the rather odd route indicated by the stages London／Great Missenden, Bucks.／Sutton Courtenay, Berks.／Chipping Campden／Bristol／Weston-super-Mare

(例)5s／6d (5s.／6d. のほうが好まれる)

(例)1／3, 2／7

(例)小川の水のほとりから生えてでる／ひよろひよろとした青い桃の木／天をみあげてゐるさびしいひとつの枝（萩原朔太郎『枝の印象』）

(例)詩が句読点をぶらさげたりしているのは醜体である。さらり丸腰とはいかないものかと思う。ことに、一語一語ごていねいに切れているヨーロッパ語の詩に句読点がくっついているのはいかにも目ざわりである。そこまで読者が信頼されていないとは情けない。／俳句や短歌が句読点をつけないことはもうすこし注目してよいように思われる。電報文、人名、書名、書簡文などにも句読点はないが、短詩文学に句読点のつけられないのとどこが違うのであろうか。いったい日本語にしっかりした句読法があるのかなどと自問してみると、たちまち雲のように疑問がわき上ってくるのである。／かって私はひそかに切字を俳句における句読に擬し、句の声調をととのえるものと解していた。それは琴柱が絃を二分して音の高低を調節するのに似ていると思ったのである。しかし、句読説だけでは切字をあまりにも小さく考えすぎるうらみがある。これはもう少し自由に考えられないものであろうか。(外山滋比古『省略の文学』)

一行アキ

【形態】

段落（パラグラフ）に準ずる、一行の余白、空所。

【名称】

文字通り、一行分の余白という意味の名称であるが、二行アキ、三行アキ……もある。

【用法】

作者が読み手に察してもらったり、考えてもらったりする空間である。段落よりも大きな空間、余白。時に、数行、数十行の説明や描写に該当する。井伏鱒二は、チェホフの一行アキが模範的で、美しいと言う。

(例)(略)／彼等はかかる言葉を幾度となくくり返した。翌日も、その翌日も、同じ言葉で自分を主張し通していたわけである。

一年の月日が過ぎた。

初夏の水や温度は、岩屋の囚人達をして鉱物から生物に蘇らせた。そこで二個の生物は、今年の夏いっぱいを次のように口論しつづけたのである。山椒魚は岩屋の外に出て行くべく頭が肥大しすぎていたことを、すでに相手に見ぬかれてしまっていたらしい。

「お前こそ頭がつかえてそこから出て行けないだろう?」

「お前だって、そこから出ては来れまい」

「それならば、お前から出て行ってみろ」

「お前こそ、そこから降りて来い」


更に一年の月日が過ぎた。二個の鉱物は、再び二個の生物に変化した。けれど彼等は、今年の夏はお互いに黙り込んで、そしてお互いに自分の嘆息が相手に聞えないように注意していたのである。(井伏鱒二『山椒魚』)

語録編

（文筆家の句読考）

語録編　目次

『海やまのあひだ』跋（釈迢空）

【出典】

『海やまのあひだ』「この集のすえに」。釈迢空（折口信夫）の処女歌集。大正十四年五月。

【原文】

私の歌を見ていたゞいて、第一に、かわった感じのしようと思うのは、句読法の上にあるだろう。私の友だちはみな、つまらない努力だ。そんなにして、やっと訣るような歌なら、技巧が不完全なのだと言う。けれども此点では、私は、極めて不遜である。私が、歌にきれ目を入れる事は、そんな事の為ばかりではない。文字に表される文学としては、当然とるべき形式として、皆で試みなければならぬ事を、人々が怠って居るだけなのである。短冊・色紙にはしり書きするのと、活字にするのとは別である。だらしない昔の優美をそのまゝついで、自身の呼吸や、思想の休止点を示す必要を感じない、のんきな心を持って居て貰うては困る。そればかりか、こうした試みを、軽い意味に考え易いのは、文字表示法に対して、あまり恥しいなげやりではないか。技巧に専念であればあるほど、字面の感じにまで敏感になる。漢字と仮名との配合や、字画の感触などにまで心を使うのは、寧ろ誇るべき事である。しかも其よりも、一層内在して居る拍子を示すのに、出来るだけ骨を折る事が、なぜ問題にもならないのであろう。こんな点などでは、全く立ち場を異にして居ながらも、善麿さんのやって居るろうま字書きの歌や、訳詩などの方が、正しい道を目がけているものと思う。「わかれば、句読はいらない」などと考えているのは、国語表示法は素より、自己表現の為に悲しまねばならぬ。

それに又、私の、こうしたじれったい、めんどうな為事にいたつく理由が、も一つあるのである。其は、歌の様式の固定を、自由な推移に導く予期から出ている。五七五七七の形を基準にして、書きもし、読み下しもする為に、自然の拍子は既に変って居ても、やはり、句跨りと思いく、読んだり、感じたりして居る。これは表示法から来る読み方の固定なのである。私どもはどうしても、此だけは、我々の時代の協力によって救い出さなければならぬ。歌の生命の為である。我々の愛執を持つ詩形の、自在なる発生の為である。

私は、地震直後のすさみきった心で、町々を行きながら、滑らかな拍子に寄せられない感動を表すものとしての―出来るだけ、歌に近い形を持ちながら、―歌の行きつくべきものを考えた。そうして、四句詩形を以てする発想に考えついた。併し其とても、成心を加え過ぎて、自在を欠いている。私は、こうして、いろ〳〵な休止点を表示している中に、自然に、次の詩形の、短歌から生れて来るのを、易く見出す事が出来相に思うている。私は、今も迷うている。これをはじめてから、十年位にはなる。しかも、思想の休止と、調子の休止と、いずれを主にしてよいか、それさえまだ、徹底しきっては居ない。けれども、一人の努力よりは、多人数の協同作業が、自然にある道筋を開くべきものと信じて、一人でも多くのなかまの出来るのを待つ為に、功利風に考える人からは、むだと思われるはずの為事をつゞけている。併し此点は、私が自身の歌に「おぼつかなさ」を持って居る様なものではない。いつかは実現の出来、そうして、古典としての歌から、自在な詩形の生れて来る事が、信ぜられてならないのである。

こんな事に力を入れるのも、或は枝蛙なるが故のことかも知れない。けれども、蛙なるが故に、思い捐てる事の出来ぬ、日本の詩形の運命なのである。

『句とう点のうち方』（永野賢）

【出典】

『言語生活』昭和三十二年三月号所収。筑摩書房。

【原文】

○いちばん問題なのは、やはり「とう点」である。「とう点」は、要するに、文の中の語句の切れ続きをはっきりさせて、読みやすいように、理解しやすいように、また、読みあやまりのないようにするためのものである。使いすぎても読みにくいし、使わなすぎても読みにくい。論理的に、また心理的に適度なうち方をするように心がけるべきである。

○とう点は、わかち書きのかわりに用いられているような場合もある。また、意味の切れめというよりは、生理的な、ただの息の切れめにうつばあいもある。日本語の「とう点」は、いろいろな性格をあわせ備えたものだといえよう。厳密でない、明白でないといえば、その通りだが、また、かえって融通性がきくとも考えられる。

たとえば、路地で野球をしていた子どもたちのボールが、よそのへいの中にはいってしまったとき、だれがもらいに行くかで、子どもたちが、こんな言いあいをしたとする。

「君が、ほうったボールじゃないか。」

「君が、ファウルを打ったんじゃないか。」

ここに用いられている「とう点」は、話しことばの口調をそのまま写すのに、ある程度成功していると言えよう。
○言わでものことだが、とう点を使うか、句点を使うかで、ずいぶん感じがちがうということも、教育上は注意したい。たとえば、
「ねえ、おかあさん、何が悲しいの。」

「ねえ、おかあさん。何が悲しいの。」

「ねえ。おかあさん。何が悲しいの。」

それぞれにニュアンスがちがう。さらに、

「ねえ、……おかあさん、……何が悲しいの。」

とすると、またちがう。
○話しことばの表記では、いろいろと符号の使い方に工夫を積んでいきたいものである。たとえば、「だれが書いたの、これ。」という文は、「の」のところがしりあがりになるイントネーションである。
これを、

「だれが書いたの？　これ。」

のように表記したらどうだろうか。このような表記法を認めれば、

「君が書いたの？　これ。」

「君が書いたの、これ？」

の二つを区別することができるだろう。小さな試みの一つである。

『言語学と記号学』（三浦つとむ）

【出典】

『言語学と記号学』第一部の七「言語における記号的表現の浸透と記号における言語的表現の浸透」。昭和五十二年七月。勁草書房。

【原文】

日本語でもヨーロッパの諸言語でも、句読法とよばれる記号規範が存在しており、外国語を学ぶときにはそれに独自の句読法をあわせて学ばなければならない。これもまた、言語における記号的表現の浸透の一つの形態として理解すべきものであるが、記号であって語ではないから、名称はあっても音声言語に転換するための規範を持たず、文字言語の文を音声で読むときにも発音しない。しかしこの句読法に規定された記号的表現の浸透は、ゴシック活字による強調あるいは傍点やアンダーラインによる強調のように、言語表現の内容にそれとは別の内容を表現するものとして加えられるものではない。言語表現の内容は句読法の記号の有無と関係がなく、不変であって、記号はその内容の表現を言語といわば分担するのである。それらの記号が加えられることによって、言語では直接表現できなかった部分が表現され、言語の内容がさらに明らかにされるのである。

文の終りに、〈動詞〉の終止形を用いるような場合ならば、文の終止が言語として示されるけれども、〈名詞〉止めや中途で表現を打切るような場合には、文の終止が言語としては示されない。これらは、句点や無言符プラス句点などの記号を使って、「これにて一件落着。」「でも私には……。」のように表現すれば、終止を明らかにできる。括弧は、引用文の最後に著者名や書名を括弧づきで加えるような単純なものでも、その内部の表現と外部の表現が内容的に入子になっているという、立体的な構造を示すものである。音声言語ならば、疑問や感嘆などをイントネーションで、非言語表現で示すことができるが、文字言語の非言語表現ではそれらを扱うことができない。そこで「お病気?」「ご立派!」などのように、?や!の記号に分担させて明らかにできる。それゆえ、句読法それ自体は記号規範であるけれども、その記号は言語の内容の表現を分担するところから、これを大きな観点からとりあげて言語規範の一部と見なし、文法の中に入れて扱うこともできないではない。

しかしながら、規範も浸透も理解できないルフェーヴルが、句読法を正しく理解できるはずもなかった。彼がこれにどんな珍解釈を下したか、聞いてみることも無駄ではあるまい。彼は語と語との間の空白部に独自の解釈を与え、それと句読法とをむすびつけた。

空白部はそれに固有の印をもっている。句読点である。句読点は空白部を明確化し、それに関与的特性を付与する。コンマ、セミコロン、終止符、ダッシュ、中断符、感嘆符は、種々の空白部に《価値を与え》、それらの性質を示し、紙上で、声の休止、意味の新たな展開、言語表現の《反射力》にも表現性にも形を与えるのである。空白部の中で、langue と parole は現勢態として可感的に結合している。

記号の○は線の内部が空白部であるが、この空白部で記号規範と記号表現とが「可感的に結合している」というのと同じナンセンスである。言語も記号も、その音声や文字の感性的な側面は表現ではなく、音声や文字の種類という超感性的な側面が表現であって、表現内容はこの側面にむすびついている。ルフェーヴルは音声や文字の感性的な側面が言語としての表現ではないことに直観的に気づいたものの、音声や文字を調和する矛盾として理解できなかったから、それらの種類の側面をとらえることができない。そのために、音声や文字と形式的に別の存在を求めて、種類の側面と同じように超感性的な空白部に表現内容をむすびつけてしまったというわけである。欧文で、語と語との間に空白部が存在するわかち書きという方法がとられているのは、そうしないと語と語との区別がつきにくく読みにくいという簡単な理由からであって、それ以上のものではない。日本語の文のように、密着して書いても読みにくくない場合には、空白部を必要としない。ルフェーヴルの解釈を日本語の文に適用すると、言語規範と言語表現とが「可感的に結合している」場所は存在していないことになる。

　句読法の記号も、文字言語と同じように、その感性的な側面ではなくて種類の側面で内容を表現している。それでルフェーヴルは、これも文字言語と同じように空白部とむすびつけて解釈した。句読点が空白部を「明確化」したり、「価値を与え」たり、「性質を示し」たりしているというわけである。これも文字言語の空白部の解釈と同じくナンセンスであるばかりか、逆立ち解釈でもある。**空白部に句読点が性格を与えるのではなく、それ自体一つの表現である句読点を使う結果として、その周囲に空白部が生れるのである。**句読点は文字にくらべて小さいから、これを使うと否応なしにかなり大きな空白部が生れないわけにはいかないし、句点やピリオドなどは言語の内容としての文の終止に関係があるので、空白部それ自体とは何のかかわりもない。しかしながら絵画における空白部は言語のそれとちがって、表現を意識的に省略することによって成立する。感性的に表現されていない部分を設けることによって、表現されている部分を浮き彫りにするわけである。ルフェーヴルはこの絵画的な空白部のありかたから言語や記号の空白部のありかたを類推し、空白部の背後に内容がかくれているもの、句読点はその隠れた内容の「性質を示し」ているかのように解釈したものと思われる。これは、彼が絵画と言語との表現のちがいを何ら理解していないことを証明している。

「国語の運命」（田宮虎彦）

【出典】

『世界』昭和五十三年八月号所収。岩波書店。

【原文】

私が文章を書きながら、もっともむつかしいと思うのは、読点の用い方である。余り長くひらがながつづいて読みにくいから、文脈はつづいているのに、無理に読点を用いるということは正しいであろうか。読点を用いるかわりに、漢字をはさむという漢字の用い方をする人がいる。漢字は読点のかわりもする。しかし、そういうことは文章を書く上で正しいと言えるであろうか。

読点とはいったい何であろうか。文中の切れ目に打つ記号と辞書に書いてあるが、文脈が切れるわけでもないのに、読みやすくするために濫用する読点など、読点と言えるであろうか。何故日本人は分かち書きを用いないのか。分かち書きさえ用いれば、読点は文中の切れ目にうつ記号という、本来の役目を果たすことになるであろう。それは、単にひらがなつづきの文章の読みにくさを解決する読点ではない。大切なことは、その読点によって、国語の文章構造が画然とした骨格を持つことが出来るということである。

『国文句読法』（権田直助）

【出典】

初版は明治十八年『国文句読考』「総説」。再版は明治二十年『国文句読法』と改題。「近藤出版。

【原文】

文かき物よまむにハ、句読を正しくせずばあるべからず。句読正しからざれば、読むに便あしく、また、文義を誤ることあるべし。そハ、祝詞に、集侍神主祝部等諸聞食登宣とある文を、集侍にて読を切れば、神主祝部ともに集侍れることと聞え、集侍にて切らずして、神主と祝部とにて切りなむには、集侍と、神主と一連きになりて、集侍ハ、祝部へハかからぬ如くなりぬべし。又、神主祝部等諸聞食とあるを、等にて切りなむにハ、神主祝部に、諸のことを聞けといふ如く聞え、諸にて切れば、神主祝部等諸とも聞けといふ事となるべきなり。又、続紀（一の巻の初丁のウ）宣命に、現御神止大八島国所知天皇大命良麻詔大命乎集侍皇子等王臣百官人等天下公民諸聞食止詔。とある文を、今の本、末の詔のみに圏点あるハ、其の他の点ハ、脱ちたるなるべし。さて、此の文、現御神止にて切りて、止に坐してといふ詞を含み、且、直に大八島へハ連かず、隔てて所知へつづく格なることを知らすべく、又、大命乎にて切りて、此の乎、下の聞食へかかる辞なることを知らすべし。若、然らずして、止も乎も、直に下の語へ連くものとすらむにハ、文義を解る（サト）ことを得ざるべきなり。又、平仮字文にても、栄花物語（月の宴の首）に、「世はじまりてのち。このくにのみかど六十よ代にならせ給ひにけれど。このしだいかきつくすべきにあらず。」とあるを、今の本、如此圏点を加へたれど、猶あかぬこちす。凡、句読は、読み誤らせじが為なれば、「みかど」にて切りて、「このくにのみかど」と一連きに読みて、「みかど六十よ代」とはよまるべからざる如くあらまほしく、又、「このしだい」にて切りて、「かき」ハ下へつけてよむべくあらまほし。又、次の、「よの中にうだのみかどと申すおはしましけり。」も、「よの中に」にて切りて、直に、うだとハつづかざる辞格をしめし、又、「申す」にて切りて、其所に、みかどといふ含み詞ある事を知らせ、且（マタ）、「申すおはしまし」と、直にハつづかざる格をも示さまほし。今の本の如くにてハ、句読の有ると無きと大く異なること無かるべきなり。又、うつぼ物語（俊蔭の巻）に、「心有りし人のいそぐことなくて、心にいれてつくりし所なれば、木だちよりはじめて、水のながれたるさま、草木のすがたなど、おかしく見所あり、よもぎむぐらのなかより、秋の花はつかにさきいでて、池ひろきに月おもしろくうつれり、」とあるを、今の本此の如く点せり。これも、「見所あり」と、「うつれり」とを句とし、其の他を読とすべし。其の中に、猶、「心ありし人の」にて切りて、此のの、下の「所なれば」までへ係ることを知らせ、「池ひろき」にて切りて、此のにの月を隔てて、下の用言へ続くことを示し、又、「よもぎ」にて切りて、「むぐら」とわかち、「秋の花」にて切りて、其の下にのもじを含ませたることも知らるべくせまほし。然らざれば、句読を点せるかひハ無かるべし。斯在れば、此の文を、読み易くするも、解り難くするも、句読の宜しきを、得ると得ざるとにあるべし。

「私家版日本語文法」（井上ひさし）

【出典】

『波』昭和五十三年九月号所収。新潮社。

【原文】

このころ（昭和九年）の匿名、変名、ないしは無署名の雑誌記事は、この文章に見られる特徴、すなわち「原則として『言い切り』や『文意の切れ』にも句点は使わず、読点を用いる。ただし、行替え直前の『言い切り』や『文意の切れ』にだけは句点を打つ」を持っていた。つけ加えるまでもないことだが、この『直木三十五追悼号』（㊟昭和九年の『文藝春秋』四月特別号）に掲載されている小説や随筆には、現在でもちゃんと通用する法則性（とはすこし大袈裟かもしれないが）にのっとって句点と読点が施されている。

さて、ここまでをまとめてみると、次のようになるだろうか。

① 純然たる記事には句点を使わない。

② 筆名がすでに明らかな文章では、句点や読点の使い分けがある。

③ 半署名性の文章では、行替え直前の「言い切り」や「文意の切れ」に句点を打つことがある。しかし行替えを必要としない「言い切り」や「文意の切れ」には読点を打つ。

これを、無理を承知でさらに短く縮めると「文章を書くのを生業とする文筆家すなわち〝インテリ〟は句読点を使い分けていた。一方、大衆を相手とする新聞記事は句点（マル）や読点（テン）を使い分けるという煩しさを避けていた」と、こうなるかもしれない。もとより、句読点に関するはっきりした約束事は、現在でも存在しておらず、したがって句点（マル）と読点（テン）の使い方は各人各様、日本人の数だけ規則がある、といってもいいぐらいである。だから僅かの実例から妙な結論を抽き出したりすると大火傷をするは必定だ。しかし「あてにならない文法論を唱える」のが、筆者が己れに課した使命でもあるので、ここではおそれ気もなく、〔とにかく句点（マル）や読点（テン）は庶民の厄介者であった。こんなものを使い分けるのは〝インテリ〟ぐらいなものであった〕という結論をひとまずここでは出しておこう。

『小説の作法』（田山花袋）

【出典】

『小説の作法』。大正十四年四月。松陽堂。

【原文】

その頃（㊟文章の調子ができてくる頃）には、文句の置き具合とか、句読の打ち方とか言うものが非常に気になるものである。私なども、紅葉山人に小説を見て貰った時に、その調子のことと、句読のことをやかましく言われた。『調子が出来て来なければ駄目』とか、『句読が完全に打てるようにならなければ、まだ一人前の文章かきではない』とか、いろ〳〵に言われた。

実際、この句読の打ち方と言うものは難かしいものである。矢張其作者の持った心と体との発現である。その証拠には、いろ〳〵な作者の句読の打ち方を注意して見給え、皆それぞれ違っている。文法の法則見たいなもので縛られていない。長く打つもの、短くうつもの、。点と、点の打ち方を気にするもの、いろ〳〵ある。そしてこの句読の打ち方から、文章の調子が出来て行く。

この調子と句読が出来て、それで一廉外物がかけるようになれば、もう余程の上達である。

『そこに句読点を打て！』（大類雅敏）

【出典】

『そこに句読点を打て！』第二章「句読意識と句読法」。昭和五十一年九月。栄光出版社。

【原文】

句読法とは、句読点の打ち方のことで、句読意識とは、私の造語で、句読点を打つ意識の三段階のことです。つまり、句読意識は、無意識的段階→意識的段階→目的意識的段階というふうに発展するという考えです。もっとも、無意識的段階と意識的段階とは混在することが多く、私たちは非常にしばしば「無意識的かつ意識的に」句読点を打っていることは、経験の教えるところです。また、句読意識の発展段階は、年齢に必ずしも関係はありません。適切な教育を受け、文章を書くことを続けなければ、いつまでも最初の段階のままです。今日の教育では、体系的でも理論的でもないので、一生涯、無意識の段階にとどまる可能性もないわけではないが、体系的・理論的でないだけで、高校生にでもなれば、八割位は一応打てるのも事実です。

『ニホン・ニホン人』（富岡多恵子）

【出典】

『ニホン・ニホン人』。思潮社。

【原文】

〔スタインは〕疑問符は文章を見ればわかるから不要であり、感嘆符も同様で、なにしろ文章の行を汚す、という風にいう。われわれの文字はタテに書かれ、字のうごきはタテへすすむようにできているのであるから、字の行を汚される点ではスタインの使う英語の比ではない。

疑問符や感嘆符や引用記号が文章の行を汚すというのは視覚的なものだけで云々されているのではなかった。この種の記号が日本語に濫用されることは、日本語への無意識の不信あるいは無感覚によるということが考えられる。

『日本文学における句読法』（大類雅敏）

【出典】

『日本文学における句読法の研究』（昭和五十年）の改訂版。第三章「句読点の意義」。昭和五十三年五月。栄光出版社。

【原文】

句読の問題は、西洋では古くから散見される。たとえば、プラトンの対話集『プロタゴラス』（紀元前四〇〇年に執筆）のなかで、プロタゴラス（ソフィストの第一人者）とソクラテスが、当時の抒情詩人シモニデスの「誰でも私はたたえ愛する　みずからすすんで　醜い所行をしないものなら」という詩句について対話し、ソクラテスが即興的な解釈をする場面がある。ソクラテスは「シモニデスは、みずからすすんでいかなる悪をもなさない者をたたえる、というようなことを主張するほど無教養な人間ではなかった。それでは、まるで世にはみずからすすんで悪をなす人間がいるとでも、彼が考えているようです。（中略）彼は実は『みずからすすんで』という語を彼自身に関連させて言っているのです」。それゆえに、この部分は、

「誰でも私は愛したたえる、みずからすすんで。（ここの『みずからすすんで』のところで句読を切らなければなりません）醜い所行をしない者なら」（プラトン『プロタゴラス』、藤沢令

夫訳。傍点筆者）とすべきだとしている。この例では、句読点（この場合は句点）が解釈に関係し、句読点を打つことが文意の曖昧性の消失に重要な役割をになっていることが示されている。シモニデスの原文では、句読点を打たないかぎり、両義である。つまり、「愛したたえる。」とも、「みずからすすんで。」とも、両様の解釈が可能なのである。ソクラテスの解釈が正しければ、「みずからすすんで。」がよく、ソクラテスは適切な句読法によって、両義性を解決した。このことから、句読点の意義・目的の一つとして、両義性の解消ということが得られる。

また、たとえば、アリストテレスの『詩学』のなかでは、エンペドクレスの断章がとりあげられていて、句読の問題が論じられている。『詩学（poetica)』は、アリストテレスの文芸論であるが、成立年代は不明で、しかも不完全にしか伝わっていない。八世紀にシリア語に訳されたのが最初で、さらにアラビア語・ヘブライ語に訳され、十三世紀にはラテン語に訳された。十六世紀から十八世紀にかけては、多数の詩論と演劇論を育てたので有名。ところで、次に、エンペドクレスの断片を英語で掲げる。

Suddenly things became mortal that before had learned to be immortal and things unmixed before mixed.（たちまちにして、不死たるべき道を学んできたものが、死すべきものとなり、以前にまじりけのなかったものが、まざり合った。）（笹山隆訳）

右の文は、本来は不死である四大が自然を支配する結合力により混合させられ、現世の存在物つまり mortal となる過程を述べた一節だということであるが、unmixed の後で句読を切れば困難が生じる。しかし、unmixed before とつづけて読めば、理解困難が解消するという。この例からは、句読点の意義・目的の一つとして、理解困難の解消ということが得られる。

「文章」（吉田健一）

【出典】

『文学界』昭和五十一年八月号所収。文藝春秋。

【原文】

一般に日本語の文章、或いは実際に句読点を用いない漢文の場合は文脈が明かになって行くことが句読点を省く方向に働くもののようである。それがヨォロッパ系統の国語に就て考えられないことであるのは句読点というのがヨォロッパ、或はその前身であるギリシャで作られたものであるのみならず国語の方が句読点とともに発達して来たもので殆ど文字の一部をなすに至っているからである。それで例えば読点の後に来た固有名詞がその固有名詞のものに対する呼び掛けになる。これがヨォロッパ系統の国語から句読点が省けない最も大きな理由であって日本語が膠着語であってという種類の専門家擬いの説は要するに専門家擬いの説であることに止る。その説が当っていてもいなくても日本語は一息に言える方向にその形を成して行った。それ故に言ったことの発展は次の一息に掛っていてこうして、或は日本語の場合はこの段取りで論理の進捗が精神の息遣いと一致する。或は精神の律動そのものが体の息遣いと一致している。

それ故に文章というものはという風な説を立てる前にそれが何語の文章かということを考える

必要がある。ビュッフォンが文章に就て言ったことは明かにフランス語の文章に就てだったのでそれが余りにも明かだったからそのことを断りもしなかった。それだけ或る国語の文章に就て知っていれば他の国語の文章、又延ては一般に文章というものに就ても知ることが出来る。その中に日本語もある。

『文章読本』(谷崎潤一郎)

【出典】

『文章読本』の㈢文章の要素「体裁について」。昭和九年。中央公論社。

【原文】

われ〳〵の口語文に使われております句読点は、センテンスの休止を示す。と、句切りを示す、と、単語を区分けする・と、引用符の「」或は『』と、西洋から輸入された疑問符?と、感嘆符!と、ダッシュ、すなわち——と、点線、すなわち……と、まず八種類でありまして、引用符は「の代わりに西洋の〃などをそのまゝ用いる人もありますが、それらはまだそう普及されておりません。

けれども、私は日本の文章には西洋流のセンテンスの構成を必要としない建て前でありますから、そういう方面から句読点を使い分けようとは致しません。。が終止の印、、が句切りの印だと言いますけれども、たとえば第百二十三頁の源氏物語の訳文を御覧なさい。あゝいう場合に、あれを三つのセンテンスと認めれば、「面白くない」で。、「お迷いになる」で。、「ことばかりである」で。でありますが、あれを一つのセンテンスと認めれば、最後の「ことばかりである」の所へだけ。を打ってもよいし、まだ彼処(あそこ)でも完成していないと認めれば、全部を句切りの印、にしてしまうのもよい。かえってその方が余情があるという見方もあります。現に、今私は「、にしてしまうのもよい。かえってその方が」と書きましたけれども、「あれを一つのセンテンスと認めれば」の句が「余情がある」にまで懸（かか）っていると解釈しましたら、この「しまうのもよい」の下の。を、にしても差支えない。また、「見方もあります」がその六行前の「分だと言いますけれども」を受けているものと解釈しましたら、「御覧なさい」の下の。までも、にすることが出来ましょう。ですから、**句読点というものも宛て字や仮名使いと同じく、到底合理的には扱い切れない**のであります。

　そこで私は、これらを感覚的効果として取り扱い、読者が読み下す時に、調子の上から、そこで一と息入れて貰いたい場所に打つことにしておりますが、その息の入れ方の短い時に、、やゝ長い時に。を使います。この使い方は、実際にはセンテンスの構成と一致することが多いようでありますが、必ずしもそうとは限りません。私の「春琴抄」という小説の文章は、徹底的にこの方針を押し進めた一つの試みでありまして、たとえばこんなふうであります。

> 女で盲目で独身であれば贅沢と云っても限度があり美衣美食を恣（ほしいまま）にしてもたかゞ知れているしかし春琴の家には主一人に奉公人が五六人も使われている月々の生活費も生やさしい額ではなかった何故そんなに金や人手がかゝったと云うとその第一の原因は小鳥道楽にあった就中（なかんずく）彼女は鶯を愛した。今日啼きごえの優れた鶯は一羽一万円もするのがある往時と雖（いえど）も事情は同じだったであろう。尤（もっと）も今日と昔とでは啼きごえの聴き分け方や翫（がん）賞法が幾分異なる

らしいけれども先ず今日の例を以て話せばケッキョ、ケッキョ、〳〵と啼く所謂(いわゆる)谷渡り
の声ホーキーベカコンと啼く所謂高音(こうね)、ホーホケキョウの地声の外に此の二種類の啼き方を
するのが値打ちなのである此れは藪鶯では啼かない偶々(たまたま)啼いてもホーキーベカコンと啼かず
にホーキーベチャと啼くから汚い、ベカコンと、コンと云う金属性の美しい余韻を曳くよう
にするには或る人為的な手段を以て養成するそれは藪鶯の雛を、まだ尾の生えぬ時に生け捕
って来て別な師匠の鶯に附けて稽古させるのである尾が生えてからだと親の藪鶯の汚い声を
覚えてしまうので最早や矯正することが出来ない。

ところで、この打ち方をセンテンスの構成と一致するように打ち変えますと、次のようになり
ます。

女で盲目で独身であれば、贅沢と云っても限度があり、美衣美食を恣にしてもたかゞ知れて
いる。しかし春琴の家には主一人に奉公人が五六人も使われている。月々の生活費も生やさ
しい額ではなかった。何故そんなに金や人手がかゝったと云うと、その第一の原因は小鳥道
楽にあった。就中彼女は鶯を愛した。今日啼きごえの優れた鶯は一羽一万円もするのがあ
る。往時と雖も事情は同じだったであろう。尤も今日と昔とでは、啼きごえの聴き分け方
や、翫賞法が幾分異なるらしいけれども、先ず今日の例を以て話せば、ケッキョ、ケッキ
ョ、〳〵と啼く所謂谷渡りの声、ホーキーベカコンと啼く所謂高音、ホーホケキョウの
地声の外に、此の二種類の啼き方をするのが値打ちなのである。此れは藪鶯では啼かない。

偶〻啼いてもホーキーベカコンと啼かずに、ホーキーベチャと啼くから汚い。ベカコンと、コンと云う金属性の美しい余韻を曳くようにするには、或る人為的な手段を以て養成する。それは藪鶯の雛を、まだ尾の生えぬ時に生け捕って来て、別な師匠の鶯に附けて稽古させるのである。尾が生えてからだと、親の藪鶯の汚い声を覚えてしまうので、最早や矯正することが出来ない。

この二つを読み比べて御覧になればおわかりになるでありましょうが、私の点の打ち方は、一、センテンスの切れ目をぼかす目的、二、文章の息を長くする目的、三、薄墨ですら〳〵と書き流したような、淡い、弱々しい心持を出す目的等を、主眼にしたのでありました。

疑問符や**感嘆符**なども、西洋では疑問や感嘆のセンテンスには必ず打つことになっておりますが、日本では気分本位で、決して規則的に行なわれてはおりません。さればこれらの符号やダッシュ等を、時に応じて抑揚或(あるい)は間(ま)の印に用いることは差支えありませんけれども、日本文の字面にはダッシュが一番映りがよく、感嘆符や疑問符は、やゝともすると映りの悪いことがあります。近頃支那でもこれを使うことが流行(はや)りまして、古典の詩文にまで、

白髪三千丈　縁(ウレヒニヨツテ)レ愁似(カクノゴトクナガシ)レ箇長！

不レ知明鏡ノ裏(ウチ)　何処(レノニカ)得(タル)ニ秋霜(ヲ)一？

といったふうに施してあるのを見かけますが、漢文の字面でありますと、その不調和なことが一層よくわかります。全体われ〳〵は声を挙げて叫んだり、押し附けがましい調子で物を尋ねたり

するのを、品のよいことゝ思わない国民でありますから、こういう符号はなるべく控え目にすべきでありましょう。

ただし疑問符につきまして例外がありますのは、会話体における「君は知らない?」とか「知っている?」とかいう如き、否定形乃至(ないし)肯定形と同一の形を取った質問のセンテンスであります。また肯定の「え」もしくは「えゝ」と、物を聞き返す時の「え?」もしくは「えゝ?」もあります。これらは孰(いず)れも、実際の会話ではアクセントをもって区別しますから差支えありませんが、文字に書きますと、そのアクセントがわからなくなる。依ってこういう場合には、ただいま書き分けましたように「?」を加えて質問の意を明らかにする方がよいかも知れない。少なくともその方が読者に対して親切であります。

それから**引用符**でありますが、近時用いられる西洋流のクォテーション・マーク、すなわち ” は、横書きにする欧文には適しますけれども、縦書きにする日本文の字面に調和しないことは申すまでもありませんから、用いるとすれば矢張在来の二重カギ、すなわち『』か、一重カギ「」で囲うのがよいでありましょう。ところで『』と「」とは全く同一の用途に使われ、ただ各人の使い癖に任してありますが、折角二た通りあるのですから、その使い分けについて一定の規則を設け、たとえば「」を英語の第一クォテーション・マーク、『』を第二クォテーション・マークに宛てる、というようにしたらばどうであろうか。私自身は夙(つと)に左様にしておりますので、御参考までに申しておきます。

しかしながら、返す〴〵も日本語の文章は不規則なところに味わいが存するのでありまして、句切りやその他の符号なども余りはっきりしない方が面白いのでありますから、ただいま述べました疑問符や引用符の規則なども、是非その通りになさいと申すのではありません。早い話が「知らない?」という場合に?を附けないからといって、それが否定を意味するか質問を意味するかは、前後の事情でわかるのでありますから、そこは読者の判断に任せて、そう親切にし過ぎない方がよいとも言える。引用符にしましても同様でありまして、今日われ〳〵が小説の会話に使っている「」や『』などは、実をいうと左程必要がないのであります。なぜかと申しますと、あれは元来地の文と会話とを、また一人の会話と他の一人の会話とを、区別するためのものでありますが、大概現代の作品では、会話の部分を話し手が変わる毎に一つ〳〵行を改めて書いております。その上多くの場合地の文体は講義体であって、会話とは自ら違っております。また、一つの会話から他の会話へ移る時でも、話し手に依って少しずつ言葉使いが違う。男と女とで違うことは第百四十九頁に述べた通りでありますが、その外にも礼儀を尊ぶ日本語においては、話し手の年令、身分、職業に応じ、話す相手の人柄に応じて、たとえば甲は乙を呼ぶのに「お前」と言い、乙は甲を呼ぶのに「あなた」と言うとか、一人が「ございます」を使えば一人は「です」もしくは「だ」を使うとかいうふうに、代名詞や動詞助動詞の用い方に差別がある。なおこのことは次の「品格について」の項を読んで下さればわかりますが、要するに、そういう次第でありますから、カギを使わないでも、地の文と会話とを混同したり、一人の言葉と他の一人の言葉との見分けが付かないようなことは、まずありません。さればこれらの符号の付け方も、規則で縛ってしまわずに、その文章の性質に依り、字面の調和不調和をも考え合わせて、適当に塩梅した方がよいかと思います。

『文章読本』（丸谷才一）

【出典】

『文章読本』第十一章「目と耳と頭に訴へる」。昭和五十二年九月。中央公論社。

【原文】

昔の文章と違って現代の文章は、文字だけでは成立たない。読みやすいように、あれこれと符号をまぜる。たとえば『猿』（㊟小沼丹の小説）で言うと、中年女の台詞（せりふ）を表示するダッシュ（——）である。旧友の詩のリフレインの末尾につくリーダー（……）である。こういうものの使い方も一筋縄ではゆかなくて、なかなかむづかしいのだが、符号の用い方を学ぶにしても、感銘を受けた文章をじっとみつめ、ただしその文章に四角四面にとらわれるのではなく、ぼんやりと、ごく自然に、影響を受けるのが一番いいようだ。常に、いったん自分を濾過したかたちで学ぶほうが無理がなく、結果もすっきりしたものになるのである。

などという一般論ではあんまり愛想がないから、念のためわたしの好みを一つ一つ披露することにすれば、台詞のときは一重のカギカッコを使う。以前はダッシュを使ったが、ハイカラすぎるような気がしてやめてしまった。二重のカギカッコは本や芝居の題のとき。雑誌名は一重のカギカッコ。山ガタのカッコは、一重のもの——つまり〈アメリカ〉なんて使い方も、二重のもの

――つまり《フランス》なんてやつも、以前はともかく今は使わない。それからチョンチョンカッコというもの、つまり〝スペイン〟なんて符号も使わない。ダッシュやリーダーはどきどき使うが、あまりうるさくならぬよう、せいぜい注意する。普通のカッコはわりあい頻繁に使うほうだが、これは説明を補足するときと、それから、日本語には関係代名詞がないためとかく文（センテンス）の構造がややこしくなりがちなのを何とか処理しようとして用いる場合が多いようだ。そして、そのカッコのなかでまたカッコがほしくなったときは、仕方がないからダッシュで囲む。二重のカッコは見苦しいから。

疑問符（?）や感嘆符（!）は、昔はよく使ったけれど、近頃はこれもうるさく感じられて、なるべく慎しむようにしている。感嘆符は言うまでもないが、疑問符でさえも控えていっこう差支えないし、それで充分に効果があがるようである。もっともこういうことは画一的に言っても意味がないので、われわれはごく稀にではあるけれど、疑問符や感嘆符の絶妙な技（わざ）に接して驚くことがある。たとえば吉田秀和は少年時代の相撲見物の回想のなかで、

阿久津川と常ノ花の一戦で、私の目に残っているのは、一つは、満場の喚声の中で、常ノ花がぐいぐいと出て来た場面。それと、もう阿久津川も負けだと思った次の瞬間、あろうことか、常ノ花の膝ががくんと土俵に落ち、途端に彼の美しく結いあげられた髪が大きく傾いた場面である。その間に何ごとかが起こったわけであり、前よりも大きな喚声の嵐の中で、常ノ花は蒼白の顔を天井にむけたのち、立ち上がるのだった。

この勝負を専門家のかきのこしている記録でよむと、つぎのようになる。

「阿久津川と常ノ花は、立ち上がり右四つ、常ノ花が下手をひいたのでもう十分と安心して下手投を打って正面に寄りつめ寄りきろうとする時、阿久津川左に回りながら左上手から捲き落とし、これが見事にきまって、常ノ花ついに左膝をついて、またもや阿久津川の大勝利となった」（鳴戸政治著『大正時代の大相撲』）

そのときまで、私は常ノ花を格別の関心で考えたことがなかった。当時は同じ出羽海部屋に栃木山と大錦の両横綱がおり、実力では栃木山、一番勝負の巧者は大錦、大関常ノ花の力はこの二人につぐものだが、この両者との間には少々開きがある、ということになっていた。そうして、子供は、いつも、いちばん強いものを崇拝し、ひいきにする。

ところが、この自分で自分が信じられないとでもいったように蒼白の顔を上に向けた、その常ノ花をみたとき――彼はのちにいわゆる中あんこ（やや肥満型に近い）ということになるが筋骨逞しいというほうでもなく、また当時はむしろ華奢なくらいの身体つきで、背も低くはないが特に高くもないといった普通の体格だった。しかし、その中で、豊かな髪とそうして下顎が発達しているためか、顔が長く大きく四角いのが目立った――その彼をみたとき、私は烈しくつきささるような痛みを心に感じた。可哀想に!! そう思った途端、私は彼が好きになっていたのだった。（『わが相撲記』）

と、二つ並べた感嘆符などという卑俗極まるものを敢然と使って、子供の激しい情念をじつにあっさりと表現した。達人だけが可能な逆手である。われわれはこういう芸に出会ったとき、一方ではなるほどなあと感服し、しかし他方では、軽々しく真似ることを自分はきびしく禁じなければならない。

ところで、符号のなかの難物がまだ残っている。言わずと知れた句読点——句点（。）と読点（、）で、前者のほうはともかく、後者に関しては誰だって手を焼くにちがいない。われわれの文章では、読点のつけ方がまだ様式として確立していないからである。そこでほとほと困ったあげく、人はよく、自分の呼吸に従って、それが切れるところで点を打てなんて教えるけれど、さあ、あの方針は果して正しいものかしら。わたしはかねがね疑っている。その文章を読む場合の、息の切り方を正確細密に写すつもりで取りかかると、むしろ読点が多くなりすぎ、そして読点が多すぎる文章を書くならば、意味のまとまりをつける作業を読点に頼りがちになるため、かえって明晰さを欠くおそれがあるような気がする。わたしは何も息づかいに背いて読点を打てとすすめる者ではないが、ここではむしろ、文（センテンス）の構造をあざやかにするために読点を施すという気持を強調しておきたいと思う。その点、たとえば佐藤春夫の、あるいはまた最近の吉田健一の、極端に読点を排した文章がそれにもかかわらず厳然と成立しているという事情は、われわれにとって意味深い参考となり得るだろう。もちろんこれとても、後生大事に真似をする必要はないけれど。符号というのはあくまでも補助的なものだから、究極的に重大なのは、たとえ句読点をすべて取払ってもなおかつ一人立ちしている頑丈な文章を書くことなのである。そしてこのことは、難事ではあるけれども不可能事ではない。吉田秀和も小沼丹も谷崎潤一郎もそういうものを書いている。ちょうど、紫式部や横井也有がその手の文章を書いたと同じように。

『文章表現入門』（尾川正二）

【出典】

『文章表現入門』各論⑽「句読点」。昭和五十年一月。創元社。

【原文】

文章は、文字を主体とするものであるが、文字以外の記号も、文章表現を助ける大事な役割を担っている。句読点は、その姿の小さいゆえか、とかく軽視されがちにみえる。外国語のときは、厳しくコンマ・ピリオドに注意しながら、日本語となると粗末に扱われるのは、何に基づくものなのだろうか。原稿用紙に向かっても、それほど句読点に意識的であるとは思えない。四行五行にわたって、読点のない文、逆に、各行に三つ四つ打たれた文など、読点についての原則をもっていないことの現われであろう。マスめのない答案用紙となれば、時々思い出したように、あるいは筆のすさびに「、」が打たれる程度である。

句読法は、リズム表記法の体系であると、リードは『散文論』のなかで言っている。傾聴すべきことばであろう。文章が複雑になるにつれ、句読点の使用も複雑になり、重要さを加える。散文では、構造・呼吸・リズムが、句読点を決定する。リードの所説を要約してみると、つぎのようになる。

1　「構造」による句読点は、その論理性を助長し、表現を秩序づけるものである。

2　「呼吸」による句読点は、生理的なものである。文章を読む場合でも、無意識のうちに、呼吸の生理的限定を受けるものであり、われわれが使う、声に出さない想像のことばでも、同じ法則に従うものである。

3　句読点は、論理的にせよ、機械的にせよ、「リズム」の一般的感覚に従わなければならぬが、また、それ自身リズムを規定する。

論理性・情意性・リズムのうえから、句読点の果たす役割は大きい。さきの文末表現も、そういう観点から考察すべき問題だった。

『文体としての句読点』(大類雅敏)

【出典】

『文体としての句読点』第三章「文体としての句読点」。昭和五十三年二月。栄光出版社。

【原文】

句読点――句読点の使い方は、文体であるわけではない。ありふれた使い方をしている限りは、である。一般的な句読法は、学校教育を経て身につけるようになっている。なかなか意識的にはならないけれども。だが、もし変則的な使い方をすれば、それは文体特徴となる。変則的な使い方というのは、一般的な句読法則に制約されない使い方のことである。しかし、文学を考察しても、そうした特異な句読法は、断片的である場合がきわめて多い。断片を対象にして考察しても、誰それの句読法というには不徹底であろう。文体としての句読法の研究が、語彙や語法やレトリックなどの研究に比較して、進捗しないのも、その辺に原因があると言える。

意図は効果の計算であり、効果への期待である。もちろん、意図のない効果もありうる。だから、私たちは常によき鑑賞者、創造的享受者、また、人の作物を己れの創造物のように愛しうること、沼空の言葉を借りれば「よいところを発見する」批評家でなければならない。

意図された効果(それは、しばしば文章として書かれ、読者に表明されるが、全く一行も書かれない場合もある）が、全作品に一貫している草野心平の詩の句読法もあり、ある作品が実験に供される、谷崎潤一郎の『春琴抄』の句読法もあり、韻文における試みがそのまま散文へ適用される、釈迢空の『死者の書』への句読法もある。そのほか、多くの作家が句読点について書いている——たとえば、アルベルト・モラヴィアやエドガー・アラン・ポーや吉田健一や土岐善麿や前田夕暮など——のは、句読点の効果を考えざるを得ないからである。句読点の審美的価値や側面を文学者はおろそかにしない。なぜなら、それこそ文体であるから。哲学者（三浦つとむ著『言語学と記号学』には、フランスのルフェーブルの句読観が引用されている）や言語学者の句読考から洩れ落ちるのも、これである。それに較べて、文法学者の句読考のほうに、一日の長があるのは、既に見たとおりである。

『間（ま）の文化史』（剣持武彦）

【出典】

『間の文化史』第一章「日本語の『間』の構造」。講談社。

【原文】

「春の朝」(注)ロバート・ブラウニングの劇詩『ピパは過ぎ行く Pippa Passes』の朝の幕の主題となる歌。上田敏の名訳で有名）の句読点の打ち方をみると、まず原詩では一行めにコンマ、二行から六行めまでセミコロン、七行めダッシュ、最後の行、感嘆符となっていて、句読法にも苦心の跡がみえる。コンマとコロンの中間であるセミコロンは、こうした場合、各句を鮮明に印象づけるために用いられている。日本語でもとくに古典語では、文末終止のことばで微妙なテンポの感覚の違いが使い分けられるが、ヨーロッパ語では句の切り方、文の終わり方のテンポの感覚は、このような記号に頼らざるをえないのが、実情である。このことは、これから説いてゆく日本語の「間（ま）」の問題と重要な関係がある。

敏は原詩の行分けを尊重し、原詩と同じ行数の八行に訳したが、一行めから六行めまで読点で、すべて七行めの「神、そらに知らしめす」にかかるように訳している。「神」の下に読点を打つことによって、詩句全体の中心である「神」の存在を強く印象づけている。

この訳詩からも、係助詞「は」のもつ日本語の「間(ま)」の感覚がわかると思うが、「は」は提示のはたらきをもつとともに五行め、六行め、七行めのごとく「は」の部分が空白であっても、ことばとしての意味が通じるのみならず、その空白自身に、ことばとしての詩的機能が含まれていることに注意すべきである。「は」が省略されたというような単純なものでなく、むしろ、積極的に「てにをは」の空白を創りだすことによって、イメジの鮮明をはかるばあいもあるのである。すなわち、「揚雲雀なのりいで」は五五という音数律の必要からということもあるが、「あげひばり」の下は、「が」とも「は」「も」とも前後の関係からなりうるので、その点では「かたつむり枝に這ひ」も「神、そらに知ろしめす」のばあいも事情は同じである。かかる「てにをは」のさしかえ、または抜き去りが融通無礙(むげ)であることが、日本語の構造の特色といってよい。英語のばあいは、前置詞を省略したり be 動詞を欠いたりすることはできない。

日本語の融通無礙な「てにをは」の用法は、「てにをは」それ自身がイメジとイメジのあいだの「間(ま)」のはたらきをしており、前述したように、イメジがイメジを包みこんだり、イメジとイメジを重ねあわせたりする機能をもつことからの必然である。

文末終止語がはっきり決まっている日本語の表記法には元来、句読点の必要がなかったというのも当然であり、いいかえれば文末終止の言語であるから、「間(ま)」が機能する言語となったともいえる。

『枕草子』の「春は、あけぼの」にしても、『海潮音』の訳詩「時は春」にしても、さきに掲出したように行分けがしてあれば日本語としては句読点の必要がないのである。いや、行分けをしてなくても、「てにをは」の用法や文末終止語の存在によって、「間」とテンポを生かして読めるのである。しかし、現代人のためには、読点・句点をつけたほうが読みやすいので、『枕草子』にも句読点を打ってあるのだし、上田敏の訳詩のばあいは、原語の符号を日本風の句読点におきかえたまでのことである。

現代においても、日本人の意識のなかに、できるだけ句読点を避けたいという気持がある。分かち書きにすれば句読点は避けられるのである。すなわち、「春は□あけぼの」というように一字あける。視覚的に空間をおくことである。現代でも、結婚の知らせや転居の知らせの挨拶状を印刷するさい、句読点を打たず、分かち書きする習慣は一般化している。句読点をやたらに打つことは失礼にあたるという意識さえある。これこそ、日本語が「間」の感覚の言語、「間」の構造の言語であることのなによりの証拠ではないか。

〔参考〕

The year's at the spring,
And day's at the morn;
Morning's at seven;
The hill-side's dew-pearled;
The lark's on the wing;

The snail's on the thorn;
God's in his heaven——
All's right with the world!

時は春、
日は朝(あした)、
朝は七時、
片岡に露みちて、
揚雲雀なのりいで、
蝸牛枝に這ひ、
神、そらに知ろしめす。
すべて世は事も無し。

「『無関心な人びと』の思い出」（アルベルト・モラヴィア）

【出典】

『目的としての人間』（原題 *L'uomo come fine e altri saggi*）。昭和三十九年。講談社。

【原文（大久保昭男訳）】

ふたたび『無関心な人びと』に返れば、この作品の句読法には不満な点が多々あるということが指摘された。その原因は、この作品を書きながらわたしは句読点をまるで打たず、ひとつの文（ペリオド）を次の文からダッシュまたは余白のみによって区切ったことによるものである。そのわけは、散文で書いていたにもかかわらず、それぞれの文が詩文のあのリズミカルで単独な的確さをもってペンの先にほとばしり出たためだったのである。そして、文の組立てが終ってから、いく分でまかせに句読点を打ったのである。しかし多くの個所で、合理的ないかなる句読点も不可能なように文章が作られていた。今になって気づくのだが、句読点をまったく打たず、はじめに一気に書きあげたままであの作品を発表した方がよかったのかもしれない。しかしこれは、あとの祭りというものである。（一九四五年に書かれたもの）

「余が翻訳の標準」（二葉亭四迷）

【出典】

明治三十九年、『成功』所収。

【原文】

翻訳は如何様(いかよう)にすべきものか、其(そ)の標準は人に依って各(おのおの)異ろうから、もとより一概に云うことは出来ぬ。されば、自分は、自分が従来やって来た方法(しかた)について述べることとする。

一体、欧文は唯(た)だ読むと何でもないが、よく味うて見ると、自ら一種の音調があって、声を出して読むとよく抑揚が整うている。即ち音楽的(ミュージカル)である。だから、人が読むのを聞いていても中々に面白い。実際文章の意味は、黙読した方がよく分るけれど、自分の覚束ない知識で充分に分らぬ所も、声を出して読むと面白く感ぜられる。これは確かに欧文の一特質である。

処(ところ)が、日本の文章にはこの調子がない、一体にだらだらして、黙読するには差支えないが、声を出して読むと頗(すこぶ)る単調(モノトナス)だ。啻(ただ)に抑揚などが明らかでないのみか、元来読み方が出来ていないのだから、声を出して読むには不適当である。

けれども、苟(いやし)くも外国文を翻訳しようとするからには、必ずやその文調をも移さねばならぬと、これが自分が翻訳をするについて、先づ形の上の標準とした一つであった。

そこで、コンマやピリオドの切り方などを研究すると、早速目に着いたのは、句を重ねて同じことを云うことである。一例を挙ぐれば、マコーレーの文章などによくある in spite of の如きはそれだ。意味から云えば、二つとか、三つとか、もしくば四つとかで充分であるものを、音調の関係からもう一つ云い添えるということがある。併し意味は既に云い尽くしてあるし、もとより意味の違ったことを書く訳には行かぬから仕方なしに重複した余計のことを云う。

これは語の上にもあることで、日本語の「やたらむしょう」などはその一例である、或は「強く厳しく彼を責めた」とか、或は、「優しく角立たぬように説得した」とか云う類は、屢々欧文に見る同一例である。これらは凡て文章の意味を明らかにする以外、音調の関係からして、副詞を入れたいから入れたり、二つで充分に足りている形容詞を、も一つ加えて三つとしたりするのである。コンマの切り方なども、単に意味の上から切るばかりでなく、文調の関係から切る場合が少くない。

されば、外国文を翻訳する場合に、意味ばかり考えて、これに重きを置くと原文をこわす虞がある。順らく原文の音調を呑み込んで、それを移すようにせねばならぬと、こう自分は信じたので、コンマ、ピリオドの一つをも濫りに棄てず、原文にコンマが三つ、ピリオドが一つあれば、訳文にも亦ピリオドが一つ、コンマが三つという風にして、原文の調子を移そうとした。殊に翻訳を為始めた頃は、語数も原文と同じくし、形をも崩すことなく、偏えに原文の音調を移すのを目的として、形の上に大変苦労したのだが、さて実際はなかなか思うように行かぬ、中にはどうしても自分の標準に合わすことの出来ぬものもあった。で、自分は自分の標準に依って訳する丈けの手腕がないものと諦らめても見たが、併しそれは決して本意ではなかったので、其の後とても長く形の上には、此の方針を取っておった。

処で、出来上った結果はどうか、自分の訳文を取って見ると、いや実に読みずらい。佶屈聱牙だ。ぎくしゃくして如何にとも出来栄えが悪い。従って世間の評判も悪い、偶々賞美して呉れた者もあったけれど、おしなべて非難の声が多かった。併し、私が苦心をした結果、出来損ったという心持を呑み込んで、此処が失敗していると指摘した者はなく、また、此処は何の位まで成功したと見て呉れた者もなかった。だから、誉められても標準に無交渉なので嬉しくもなければ、譏られても見当違いだから、何の啓発される所もなかった。いわば、自分で独り角力を取っていたので、実際毀誉褒貶以外に超然として、唯だ或る点に目を着けて苦労をしていたのである。というのは、文学に対する尊敬の念が強かったので、例えばツルゲーネフが其の作をする時の心持は、非常に神聖なものであるから、これを翻訳するにも同様に神聖でなければならぬ、就ては、一字一句と雖、大切にせなければならぬとように信じたのである。

併し乍ら、元来文章の形は自ら其の人の詩想に依って異るので、ツルゲーネフにはツルゲーネフの文体があり、トルストイにはトルストイの文体がある。其の他凡そ一家をなせる者には各独特の文体がある。この事は日本でも支那でも同じことで、文体は其の人の詩想と密着の関係を有し、文調は各自に異っている。従ってこれを翻訳するに方っても、或る一種の文体を以て何んにでも当て篏める訳には行かぬ。ツルゲーネフはツルゲーネフ、ゴルキーはゴルキーと、各別にその詩想を会得して、厳しく云えば、行住座臥、心身を原作者の儘にして、忠実に其の詩想を移す位でなければならぬ。是れ実に翻訳における根本的必要条件である。

今、実例をツルゲーネフに取ってこれを云えば、彼の詩想は秋や冬の相ではない、春の相である、春も初春でもなければ中春でもない、晩春の相である。丁度桜花が爛熳と咲き乱れて、稍々散り初めようという所だ、遠く霞んだ中空に、美しくおぼろ〳〵とした春の月が照っている晩を、両側に桜の植えられた細い長い路を辿るような趣がある。約言すれば、艶麗の中にどっか寂しい所のあるのが、ツルゲーネフの詩想である。そして、其の当然の結果として、彼の小説には全体に其の気が行き渡っているのだから、これを翻訳するには其の心持を失わないように、常に其の人になって書いて行かぬと、往々にして文調にそぐわなくなる。此の際に在ては、徒らにコンマやピリオド、又は其の他の形にばかり拘泥していてはいけない、先ず根本たる詩想をよく呑み込んで、然る後、詩形を崩さずに翻訳するようにせなければならぬ。

"A Dictionary of Modern English Usage" (H. W. Fowler)

【出典】

"A Dictionary of Modern English Usage" 一九二六年。

【原文】(日本語訳)

休止符は用が足りれば十分だというのが健全な原理である。……すべての人は休止符に頼るまいと心に決めるべきである。句読点は、必要な意味を自然に与える秩序に言葉を並べる労苦から人を助けるためでなくて、その読者が同じ文章を二度――最初は一般的な配置を、次には再び詳細を読みとる瞬間を助けるための工夫と考えられるべきである。間違って読むことは、もしも句読点が移せるのならば、根本的に間違っているのだと言えるかもしれない。しかし、休止符は意味を変えるのでなくて、意味をはっきりさせるのである。書くことを学んでいる人達は、最初は休止符なしで、すべてを書いてみるべきである。それから読みかえしてみて、意図に反することが当然のように並んでいる場合には、句読点を打つのではなくて、変えるべきである。そして、休止符はできる限り少なくして、認められているルールと首尾一貫させるべきである。(大類訳)

"Interpungendi ratio" (Aldus Manutius)

【出典】

"Interpungendi ratio" 一四六六年。

【原文】（日本語訳）

教養のある人達が、この句読法という主題に同意しないのはよく知られているが、不同意であること自体が、句読点の知識がその理論においても実践においても、幾分か重要である証拠となるものである。私自身は、もし理解困難な思想が適当に分離されていれば思想がもっと明白になるはずだということや、一方、欠陥のある句読法のために多くの文章が、時に理解困難、もしくは理解不能な程度にまで混乱し、歪められていることを、経験から学んだりした。（大類訳）

"You Have a Point There" (E. Partridge)

【出典】

"You Have a Point There" 第一部第二章 'Clearing the Deck' 一九五三年。

【原文】（日本語訳）

要するに、英語の——あなたが好むならば英語の——句読法は、主に、文構成上の、もしくは文法上の、もしくは論理上のものだが、話し言葉の場合には抑揚や間（ま）、書き言葉の場合には（印刷の場合も）強調が演ずる役割に必要であるとされる非論理的、非文法的要素を持っているものである。

あの修辞でさえ、論理の重要さや文法の力を、わずかにしか誇張しない。句読法では、文法は選出された団体がどう呼ばれようと議会を表す。論理は王や大統領を表す。しかし、最も大きな力は、人民、というよりもむしろ多くの知性ある人達——単なる常識ではなくて良識に帰属する。常識は、単調凡庸で、かろうじて適切であり、まったく想像力に乏しい句読法を案出することができるし、しばしばその通りである。良識（知恵の別名）は、単調凡庸で適切であるものよりは優れている句読法を案出することができるし、時にその通りである。

誰でも、句読法の心理学的原理について論文を書けよう。その論文は心理学の演習を形成するし、心理学者の書架に置かれる光栄に浴するだろう。しかし、作家やジャーナリストや学生を裨益することは、まず有るまい。しかも、小切手や手紙をごくたまにしか書かず、それ以外のものは殆ど書かない普通の人達にと同様、生徒には役に立つどころか邪魔でしかあるまい。

目まいがするくらい教養の高い人がするように、多くの非常に無教養な人達は、意味を明白にするために句読点を必要とする。善良なジャーナリストや良心的な作家（学校での論文か、もっと大きな仕事の）は、もしも既に発見していないとすれば、句読点が作文にとって不可欠の部分を形成し、公の表現や、おそらく明晰な思考の私的な公式化にさえ貴重な助力をすることを発見しよう。

句読点は、非常にしばしば、付属物の部類に入れられる。が、実際には、句読点は一成分として分類されるべきである。句読点を装飾として用いるべきではない、何故なら句読点は構成の部分だから。つまり、それがなければ、——精力を使う試験の後を除いては——構成が無意味になるような部分だからである。（大類訳）

目次（資料）

くぎり符号の使い方〔句読法〕（案）

（昭和二十一年三月、文部省国語調査室「くぎり符号の使い方〔句読法〕案」より）

一、この案は、明治三十九年二月文部省大臣官房調査課草案の句読法（案）を骨子とし、これを拡充してあらたに現代国語文に適する大体の基準を定めたものである。

二、くぎり符号は、文脈をあきらかにして文の読解を正しくかつ容易ならしめようとするものである。

三、くぎり符号は、左のごとき約二十種の中からその文の内容と文体とに応じて適当に用いる。

（一）主として縦書きに用いるもの

(1)マル（句点）　。
(2)テン（読点）　、
(3)ナカテン　・
(4)ナカセン　―
(5)テンテン　……
　テンセン　…………

（二）もっぱら横書きに用いるもの

(1)ピリオド（トメテン）　.
(2)コンマ　,
(3)コロン（カサネテン）　:
(4)セミコロン（テンコンマ）　;
(5)引用符（カコミ）　(( ))　( )　〃　„
　以下補助的なもの

(6)カギ　「　」

フタエカギ　『　』

(7)カッコ　（　）

ヨコガッコ　(　)

以下補助的なもの

(8)ツナギ　＝

ツナギテン　－

(9)ワキテン　、、、

(10)ワキセン　｜

(11)疑問符　？

(12)感嘆符　！

(6)ハイフン（ツナギ）　-

(7)半ガッコ　）

右、各種の符号の呼び名は、その一部は在来のもので一部は取扱上の便宜のためにあらたに定めたものである。

四、くぎり符号の適用は一種の修辞でもあるから、文の論理的なすじみちを乱さない範囲内で自由に加減し、あるいはこの案を参考として更に他の符号を使ってもよい。

なお、読者の年齢や知識の程度に応じて、その適用について手心を加えるべきである。

（一）主として縦書きに用いるもの

呼び名	符号	準則	用例
(1) マル	。	一、マルは文の終止にうつ。 正序（例1）倒置（例2）述語省略（例3）など、その他、すべて文の終止にうつ。 二、「」（カギ）の中でも文の終止にはうつ（例4）。 三、引用語にはうたない（例5）。 四、引用語の内容が文の形式をなしていても簡単なものにはうたない（例6）。 五、文の終止で、カッコをへだててうつことがある（例7）。	（1）春が来た。 （2）出た、出た、月が。 （3）どうぞ、こちらへ。 （4）「どちらへ。」 「上野まで。」 （5）これが有名な「月光の曲」です。 （6）「気をつけ」の姿勢でジーッと注目する。 （7）このことは、すでに第三章で説明した（五七頁参照）。

		六、附記的な一節を全部カッコでかこむ場合には、もちろんその中にマルが入る（例8）。	（8）それには応永三年云々の識語がある。（この識語のことについては後に詳しく述べる。）
(2) テン	、	一、テンは、第一の原則として文の中止にうつ（例1）。 二、終止の形をとっていても、その文意が続く場合にはテンをうつ（例2 3）。 　ただし、他のテンとのつり合い上、この場合にマルをうつこともある（例4）。 〔附記〕この項のテンは、言わば、半終止符ともいうべきものであるから、将来、特別の符号（例えば「、」（シロテン）のごときもの）が広く行われるようになることは望ましい。用例の〔参照一〕は本	（1）父も喜び、母も喜んだ。 （2）父も喜んだ、母も喜んだ。 （3）クリモキマシタ、ハチモキマシタ、ウスモキマシタ。 （4）この真心が天に通じ、人の心をも動かしたのであろう。彼の事業はようやく村人の間に理解されはじめた。 〔参照一〕この真心が天に通じ、人の心をも動かしたのであろう。彼の事業は……

則によるもの。また〔参照二〕は「、（シロテン）」を使ってみたもの。

三、テンは、第二の原則として、副詞的語句の前後にうつ（例5 6 7）。

その上で、口調の上から不必要のものを消すのである（例5における（、）のごときもの）。

〔附記〕この項の趣旨は、テンではさんだ語句を飛ばして読んでみても、一応、文脈が通るようにうつのである。これがテンの打ち方における最も重要な、一ばん多く使われる原則であって、この原則の範囲内で、それぞれの文に従い適当に調節するのである（例8 9 10 11）。

〔参照二〕この真心が天にも通じ人の心をも動かしたのであろう。彼の事業は……
……

（5）昨夜帰宅以来、お尋ねの件について（、）当時の日誌を調べて見ましたところ、やはり（、）そのとき申し上げた通りでありました。

（6）お寺の小僧になって間もない頃、ある日、おしょうさんから大そうしかられました。

（7）ワタクシハ、オニガシマヘ、オニタイジニイキマスカラ、

（8）私は反対です。

なお、接続詞、感嘆詞、また、呼びかけや返事の「はい」「いいえ」など、すべて副詞的語句の中に入る（例12 13 14 15 16 17 18）。

四、形容詞的語句が重なる場合にも、前項の原則に準じてテンをうつ（例19 20）。

五、右の場合、第一の形容詞的語句の

（9）私は、反対です。
（10）しかし私は、
（11）しかし、私は……
（12）今、一例として、次の事実を報告する。
（13）また、私……
（14）ただ、例外として、
（15）ただし、汽車区間を除く。
（16）おや、いらっしゃい。
（17）坊や、おいで。
（18）はい、そうです。
（19）くじゃくは、長い、美しい尾をおうぎのようにひろげました。
（20）静かな、明るい、高原の春です。
（21）まだ火のよく通らない、

下だけにうってよいことがある（例21 22）。

六、語なり、意味なりが附着して、読み誤る恐れがある場合にうつ（例23 24 25 26）。

七、テンは読みの間（ま）をあらわす（例26参照27）。

八、提示した語の下にうつ（28 29）。

生のでんぷん粒のあるくず湯を飲んで、

（22）村はずれにある、うちの雑木山を開墾しはじめてから、

（23）弾き終って、ベートーベンは、つと立ちあがった。

（24）よく晴れた夜、空を仰ぐと、

（25）実はその、外でもありませんが、

（26）「かん、かん、かん、かん。」

（27）「かん〱〱。」

（28）秋祭、それは村人にとって最も楽しい日です。

（29）香具（かぐ）山・畝火（うねび）山・耳梨（みみなし）山、これを大和の三山と

九、ナカテンと同じ役目に用いるが(例30)、特にテンでなくては、かえって読み誤り易い場合がある(例31)。

十、対話または引用文のカギの前にうつ(例32)。

十一、対話または引用文の後を「と」で受けて、その下にテンをうつのに二つの場合がある(例33 34 35)。
「といって、」「と思って、」などの「と」にはうたない。
「と、花子さんは」というように、その「と」の下に主格や、または他の語が来る場合にはうつのである。

いう。

(30)まつ、すぎ、ひのき、けやきなど

(31)天地の公道、人倫の常経

(32)さつきの槍ケ岳が、「ここまでおいで。」というように、

(33)「なんていう貝だろう。」といって、みんなで、いろ〱貝の名前を思い出してみましたが、

(34)「先生に聞きに行きませう。」と、花子さんは、その貝をもって、先生のところへ走って行きました。

(35)「おめでとう。」「おめでとう。」と、互に言葉をか

名称	符号	使ひ方	例
		十二、並列の「と」「も」をともなって主語が重なる場合には原則としてうつが、必要でない限りは省略する（例36 37 38 39）。 十三、数字の位取りにうつ（例40 41 42） 〔附記〕現行の簿記法では例40 41のごとくうつが、わが国の計数法によれば例41は42のごとくうつのが自然である。	わしながら…… (36) 父と、母と、兄と、姉と、私との五人で、 (37) 父と母と兄と姉と私との五人で、 (38) 父も、母も、兄も、姉も (39) 父も母も兄も姉も (40) 一、二三五円 (41) 一、二三四、五六七、八九〇 (42) 一二、（億）三四五六、（万）七八九〇
(3) ナカテン	・	一、ナカテンは、単語の並列の間にうつ（例1 2）。	(1) まつ・すぎ・ひのき・けやきなど、 (2) むら雲、おぼろ雲は、巻雲や薄雲・いわし雲などよりも低く、

ただし、右のナカテンの代りにテンをうつこともある（例3）。

三、テンとナカテンを併用して、その対照的効果をねらうことがある（例4）。

四、主格の助詞「が」を省略した場合には、ナカテンでなくテンをうつ（例5）。

五、熟語的語句を成す場合には、ナカテンをうたないのが普通である（例6 7）。

六、小数点に用いる。

七、年月日の言い表わしに用いる（例9 10）。

八、外来語のくぎりに用いる（例11）。

九、外国人名のくぎりに用いる（例12）。

（3）まつ、すぎ、ひのき、けやきなど、

（4）明日、東京を立って、静岡、浜松、名古屋、大阪・京都・神戸、岡山、広島を六日の予定で見て来ます。

（5）米、英・仏と協商〔新聞の見出し例〕

（6）英仏両国

（7）英独仏三国

（8）一三・五

（9）昭和二一・三・一八

（10）二・二六事件

（11）テーブル・スピーチ

（12）アブラハム・リンカーン

		〔附記〕外国人名の並列にはテンを用いる（例13）。	(13) ジョージ・ワシントン、アブラハム・リンカーン
(4) ナカセン	——	一、ナカセンは話頭をかわすときに用いる（例1）。 二、語句を言いさして余韻をもたせる場合に用いる（例2）。 三、カギでかこむほどでもない語句を地の文と分ける場合に用いる(例3)。 四、時間的・空間的な経過をあらわす（例4 5）。 五、時間的・空間的に「乃至」または「より——まで」の意味をあらわす（例6 7）。	(1)「それはね、——いやもうよしましょう。」 (2)「まあ、ほんとうにおかわいそうに、——」 (3) これではならない——といって起ちあがったのがかれであった。 (4) 五分——十分——十五分 (5) 汽車は、静岡——浜松——名古屋——京都と、嵐の夜の闇をついて走ってゆく。 (6) そのききめは、少くとも三—五週間後でなくてはあらわれません。

六、かるく「すなわち」の意味をあらわす（例8 9）。

七、補助的説明の語句を文中にはさんで、カッコでかこむよりも地の文に近く取り扱いたい場合に用いる（例10 11）。

八、ニホンナカセン（11）を短いくぎ

(7) 上野―新橋、渋谷―築地新宿―日比谷の電車、終夜運転

(8) この海の中を流れる大きな河――黒潮は

(9) 心持――心理学の用語によれば情緒とか気分とか状態意識とかいうのであるが、

(10) ふと、荒城の月の歌ごえが――あの寄宿舎の窓からもれてくるのであろう――すずしい夜風に乗って聞えている。

(11) 方法論――それは一種の比較的形態学である――は、

(12)（東京・富田幸平＝教員）

		りに用いることがある（例12）。	
(5) テンテン テンセン	…… ‥‥‥	一、テンテンは、ナカセンと同じく、話頭をかわすときや言いさしてやめる場合などに用いる（例１２）。 二、テンテンは引用文の省略（上略・中略・下略）を示す（例３）。 三、テンセンは会話で無言を示す（例４）。 四、テンセンはつなぎに用いる（例５）。	（１）「それからね、……いやいや、もうなんにも申し上げますまい。」 （２）「それもそうだけど。……」 （３）そこで上述のごとき結果になるのである。…… （４）「ごめんネ、健ちゃん。」「‥‥‥」 （５）第一章序説‥‥‥一頁
(6) カ　ギ フタエカギ	「　」 『　』	一、カギは、対話・引用語・題目、その他、特に地の文と分けたいと思う語句に用いる（例１２３４）。 これにフタエカギを用いることもある。	（１）「お早う。」 （２）俳句で「雲の峰」というのも、この入道雲です。 （３）国歌「君が代」 （４）この類の語には「牛耳る」「テクる」「サボル」な

		二、カギの中にさらにカギを用いたい場合は、フタエカギを用いる（例5）。 三、カギの代りに〃　〃を用いることがある（例6）。 〃　〃をノノカギと呼ぶ。	どがある。 （5）「さっきお出かけの途中『なにかめずらしい本はないか。』とお立寄りくださいました。」 （6）これが雑誌〃日本〃の生命である。
(7) カッコ ヨコガッコ	（　） (　)	一、カッコは注釈的語句をかこむ（例1）。 二、編輯上の注意書きや署名などをかこむ（例2）。 三、ヨコガッコは箇条書きの場合、その番号をかこむ（例3）。 〔附記〕なお各種のカッコを適当に用いる。その呼び名を下に掲げ	（1）広日本文典（明治三十年刊） （2）（その一）（第二回）（承前）（続き）（完）（終）（未完）（続く）（山田） （3）(一)(イ)(a) 《　》フタエガッコ 〔　〕ソデガッコ 【　】カクガッコ

		る。	【　】カメノコガッコ
(8) ツナギ ツナギセン	= —	一、ツナギは、かな文の分ち書きで、一語が二行にまたがる場合に用いる（例1）。 二、ツナギセンは、数字上「より—まで」の意味に用いる（例2）。	（1）サルハ　トウトウ　ジブ =ンガ　ワルカッタト アヤマリマシタ。 （2）一三五—六頁 一五六—八頁 三五九—六〇頁 五九九—六〇〇頁
(9) ワキテン	、、、	一、ワキテンは、原則として、特に読者の注意を求める語句にうつ（例1）。 二、観念語をかなで書いた場合にうつ（例2 3）。	（1）ここにも一人の路傍の石がある。 （2）着物もあげによって兄にも弟にも使える。 （3）ひるという言葉は、元来はよるに対して用いたものであるが、おひるといって昼飯のことを意味するようになったのは、

		三、俗語や方言などを特に用いる場合にうつ（例4）。	（4）ぴんからきりまである。
(10) ワキセン	――	一、ワキセンはほとんどワキテンと同じ目的で用いる（例1）。 二、説明上、ある語句を一つにくるめて表示する場合に用いる（例2）。	（1）次の傍線を引いた語について説明せよ。 そう考えられる。 （2）名辞は、単一の名詞から成ることもあり、あるいは長い名詞句から成ることもある。 人はパンのみにて生くるものにあらず。
(11) 疑問符	？	一、疑問符は、原則として普通の文には用いない。ただし必要に応じて疑問の口調を示す場合に用いる（例1）。 二、質問や反問の言葉調子の時に用いる（例2）。	（1）「えゝ？ なんですって？」 （2）「そういたしますと、やがて竜宮（りゅう）へおつきになるでしょう。」

呼び名	符号	準則	用例
		三、漫画などで無言で疑問の意をあらわす時に用いる（例略）。	「竜宮へ？・」
⑿ 感嘆符	！	一、感嘆符も普通の文には原則として用いない。ただし、必要に応じて感動の気持ちをあらわした場合に用いる（例1）。 二、強め、驚き、皮肉などの口調をあらわした場合に用いる（例2）。	（1）「ちがう、ちがう、ちがうぞ！」 （2）放送のとき、しきりに紹介の「さん」づけを止して「し」にしてくれというので、よくきいてみると、なんと、それは「氏」でなくて「師」であった！

（二）主として横書きに用いるもの

呼び名	符号	準則	用例
(1) ピリオド（トメテン）	．	一、ピリオドは、ローマ字文では終止符として用いるが、横書きの漢字交	（1）春が来た． （2）出た、出た、月が．

（終止符／大くぎり）		りかな文では、普通には、ピリオドの代りにマルをうつ（例１２）。	（３）まつ・すぎ・ひのき・けやきなど.
(2) コンマ（小くぎり）	,	二、テン又はナカテンの代りに、コンマ又はセミコロンを適当に用いる（例３４５６）。	（４）まつ，すぎ，ひのき，けやきなど
(3) コロン（カサネテン／中の大くぎり）	:	三、引用符・ハイフンの用例は略す。半ガッコの用例は下欄で実地に示した。	（５）明日，東京を立って，静岡，浜松，名古屋，大阪，京都，神戸，岡山，広島を六日の予定で見て来ます.
(4) セミコロン（テンコンマ／中の小くぎり）	;		（６）静岡；浜松；名古屋；大阪，京都，神戸；岡山；広島を

（以上、新かなづかいに改めた）

くぎり符号の使い方

（昭和二十五年十二月文部省編「国語の書き表わし方」の付録より）

くぎり符号は、文章の構造や語句の関係を明らかにするために用いる。

くぎり符号には、次の五種がある。

1　。　まる

2　、　てん

3　・　なかてん

4　（　）　かっこ

5　「　」『　』　かぎ

1

「。」は、一つの文を完全に言い切ったところに必ず用いる。

「」および（）の中でも、文の終止には「。」を用いる。

「……すること・もの・者・とき・場合」などで終る項目の列記にも「。」を用いる。

ただし、次のような場合には「。」を用いない。

イ　題目・標語など、簡単な語句を掲げる場合。

ロ　事物の名称だけを列記する場合。

〔例〕左の事項を書いた申請書を提出してください。
一　申請者の氏名・住所
二　建築の目的
三　建築する場所

ハ　言い切ったものを「」を用いずに「と」で受ける場合

〔例〕すべての国民は、健康で文化的な最低限度の生活を営む権利を有すると保障してあるが、現実は必ずしもこのとおりでない。

2 「、」は、文の中で、ことばの切れ続きを明らかにしないと、誤解される恐れのあるところに用いる。

〔例〕その別荘は、そのころのフランスの有名な芸術家たちとよく交際し、また自分自身もすぐれた女の文学者であったジョルジュ＝サンドの所有で、アンというところにあった。

物理では、光の、ある属性が写真にとられ、その動きが見られるようになった。

科学的な、眼球運動の実験調査報告書。

いんげんと、とうもろこしの種子。

そのころの人がどのようであったかは、はっきりわからない。

対等の関係で並ぶ同じ種類の語句の間に用いる。

〔例〕漢字の制限、かなづかいの改定、口語文の普及が、ようやくその緒についた。

ただし、題目や標語、簡単な語句を並べる場合には付けない。

〔例〕昭和二四年四月には、「当用漢字字体表の実施に関する件」が、内閣訓令第一号で発表された。

3 国語の文法や音韻に関する知識を得させる。
「・」は、名詞の並列の場合に用いる。

〔例〕対話・講演・演劇・映画・放送などにわたる諸問題については、……

ローマ字のつづり方には、いわゆる訓令式・日本式・標準式の三種がある。

日付や時刻を略して表わす場合に用いる。

〔例〕昭和二五・七・一　午後二・三五
称号を略して表わす場合に用いる。

〔例〕N・H・K　Y・M・C・A
ただし、名詞以外の語句を列挙するとき、数詞を並列する場合には、「・」を用いない。

〔例〕イ　社会的、歴史的考察。
ロ　鳥が三、四羽飛んで行く。
会員は四、五十人です。

4 ( )は、語句または文の次に、それについて特に注記を加えるときに用いる。
〔例〕外国の地名、人名（中国・朝鮮を除く。）は、かたかなで書く。

教育漢字（八八一字）の選定については、……

5　「」は、会話または語句を引用するとき、あるいは特に注意を喚起する語句をさしはさむ場合に用いる。

〔例〕イ　「どうぞこちらへ、　わたくしが御案内いたします。」と主人がさきに立って歩き出した。

ロ　「国民の権利および義務」に規定された内容について……

ハ　「現代かなづかい」には、次のような「まえがき」がついている。

6　『』は、「」の中にさらに語句を引用する場合に用いる。

〔例〕「Aさんの本の中に、『人間は環境の中に生きている』ということが書いてあります。」

と先生は静かに語り始めた。

原則として、「?」「!」等の符号は用いない。

くり返し符号の使い方

（昭和二十五年九月「文部省刊行物表記の基準」による）

現代口語文においては、くり返し符号（反復記号）は用いないのが一般的であるが、文芸作品その他では現在でも用いられているのでここに掲げた。なお、「々」が当用漢字音訓表にないため、「村むら、雄おしい」等の表記が行なわれているが、「々」は記号なのでしいて避ける必要はない。

くり返し符号は、「々」以外は、できるだけ使わないようにするのが望ましい。

「々」同の字点は、漢字一字のくり返しの場合に用いる。

（例）人々　国々　年々　日々

ただし次のような場合には「々」を用いない。

（例）民主主義　大学学術局　当用漢字字体表

「ゝ」一つ点（一の字点）は、かながきの一語の中で、同音をくり返すとき。

（例）あゝ　たゝみ　とゝのえる　じゝ

ただし、次のような場合には「ゝ」を用いない。

（例）バナナ　ココア　かわいい　くまざさ　手がかり　そののち　いままで　あわてて　そう

はいうものの　…のことと　…とともに
「ゞ」は、かな書きの一語の中でくり返された下の音が濁るとき。
(例)たゞし　かゞみ　すゞり　さゞ波
ただし、次のような場合には「ゞ」を用いない。
(例)　読んだだけ　すべてです
「〱」くの字点は、二字のかなをくり返すとき。
(例)いろ〱　わざ〱　しみぐ〱と
ただし、三字以上にわたる場合、および二字以上の漢語や、横書きの場合などには用いない。
「〻」(二の字点)は、用いないのを原則とする。
「〃」ノの点は、表や簿記などには用いる。

横書きの場合の書き方

（昭和二十五年十二月文部省編「国語の書き表わし方」の付録より）

1　横書きの場合は、左横書きとする。

2　くり返し符号は、「々」以外は用いない。

3　くぎり符号の使い方は、縦書きの場合と同じである。ただし、横書きの場合は「、」を用いず、「，」を用いる。

4　数字を書く場合は、算用数字を用いる。

〔例〕第38回総会，午後1時開会，4時散会。
　男子15人，女子8人，合計23人です。

ただし、慣用的な語、または数量的な意味の薄い語は、漢数字を用いる。

〔例〕現在二十世紀の世の中では
　一般　一種独特の　「七つのなぞ」

目次（付録）

現代かなづかいの要領

（昭和二十一年文部省）

「現代かなづかい」まえがき

一、このかなづかいは、大体、現代語音にもとづいて、現代語をかなで書きあらわす場合の準則を示したものである。

一、このかなづかいは、主として現代文のうち口語体のものに適用する。

一、原文のかなづかいによる必要のあるもの、またはこれを変更しがたいものは除く。

原　則

第一類

1　旧かなづかいのゐ、ゑ、をは、今後い、え、おと書く。

ただし、助詞「を」は、もとのままとする。

例　あい（藍《アヰ》）　いる（居《ヰ》る）　すいどう（水道《スヰダウ》）　こえ（声《コヱ》）　うえる（植《ウ》ゑる）　こうえん（公園《コウヱン》）　**とお（十《トヲ》）**　あおい（青《アヲ》い）　おんど（温度《ヲンド》）

▼本を読む　字を書く

2　旧かなづかいのくゎ、ぐゎは、今後か、がと書く。

例　かがく（科学《クヮガク》）　かし（菓子《クヮシ》）　ゆかい（愉快《ユクヮイ》）　がいこく（外国《グヮイコク》）　いちがつ（一《イチ》

月《グワツ》）

3　旧かなづかいのぢ、づは、今後じ、ずと書く。

ただし、（イ）二語の連合によって生じたぢ、づ（ロ）同音の連呼によって生じたぢ、づはもとのままとする。

例　ふじ（藤《フヂ》）　はじる（恥ぢる）　じ（痔《ヂ》）　じしん（地震《ヂシン》）　じょせい（女性《ヂヨセイ》）　みず（水《ミヅ》）　ゆずる（譲る《ユヅ》）　まず（先づ《マ》）　ずつ（宛《ヅツ》）　なかんずく（就中《ナカンヅク》）　さかずき（杯《サカヅキ》）　きずく（築く《キヅ》）　だいず（大豆《ダイヅ》）　ずが（図画《ヅグワ》）

▼（イ）はなぢ（鼻血《ハナヂ》）　もらいぢち（もらひ乳《ヂチ》）　ひぢりめん（緋縮緬《ヒヂリメン》）　ちかぢか（近々《チカヂカ》）　いれぢえ（入知恵《イレヂエ》）　ちゃのみぢゃわん（茶飲茶碗《チヤノミヂヤワン》）　みそづけ（味噌漬《ミソヅケ》）　みかづき（三日月《ミカヅキ》）　ひきづな（引綱《ヒキヅナ》）　つねづね（常々《ツネヅネ》）

―ぢから（力）　―ぢょうちん（提灯）　―ぢょうし（調子）　―づえ（杖）　―づか（塚・束・柄）　―づかい（使）　―づかえ（仕）　―づかみ（摑み）　―づかれ（疲れ）　―づき（付・搗）　―づく（付く）　―づくえ（机）　―づくり（作・造）　―づくし（尽くし）　―づけ（付）　―づた（蔦）　―づたい（伝ひ）　―づち（槌）　―づつ（筒）　―づて（伝手）　―づつみ（包）　―づつみ（鼓）　―づとめ（勤）　―づま（妻・褄）　―づまる（詰まる）　―づみ（積）　―づめ（爪・詰）　―づよい（強い）　―づら（面）　―づらい（辛い）　―づり（釣）　―づる（鶴・弦・蔓）　―づれ（連）

▼（ロ）ちぢむ（縮む）　ちぢらす（縮らす）　つづみ（鼓）　つづら（葛籠）　つづく（続く）　つづる（綴る）

4　ワ、イ、ウ、エ、オに発音される旧かなづかいのは、ひ、ふ、へ、ほは、今後わ、い、う、え、おと書く。

ただし、助詞「は」「へ」は、もとのままに書くことを本則とする。

例　かわ（川）　あらわない（洗はない）　すなわち（則ち）　たい（鯛）　おもいます（思ひます）　ついに（遂に）　いう（言ふ）　あやうい（危い）　まえ（前）　すくえ（救へ）　さえ（さへ）　かお（顔）　なお（尚・猶）　こおり（氷）　とおる（通る）　おおい（多い）　おおきい（大きい）　とおい（遠い）　おおう（覆ふ）　おおかみ（狼）　とどこおる（滞る）　おおむね（概ね）

▼わたくしは　では　には　とは　のは　からは　よりは　のでは　こそは　までは　ばかりは　だけは　ほどは　ぐらいは　などは　あるいは　もしくは　おそらくは　ねがわくは　おしむらくは　または　さては　いずれは　ついては

▼京都へ帰る　…さんへ

5　オに発音されるふは、今後おと書く。

例　あおい（葵）　あおぐ（仰ぐ）　あおる（煽る）　たおす（倒す）

第二類

1　ユの長音は、ゆうと書く。

例　ゆうがた（夕方）　ゆうじん（友人）　りゆう（理由）

〔備考〕「言ふ」**は「いう」と書き、「ゆう」とは書かない。**

2　エ列の長音は、エ列のかなにえをつけて書く。

例　ええ（応答の語）　ねえさん（姉さん）

3　オ列の長音は、「おう」「こう」「そう」「とう」のように、オ列のかなにうをつけて書くことを本則とする。

例　おうじ（王子）　おうぎ（扇）　おうみ（近江）　かおう（買はう）　こうべ（神戸）　こう（斯う）　なごう（長う）　いちごう（一合）　はなそう（話さう）　そう（然う）　そうろう（候ふ）　ぞうきん（雑布）　とうげ（峠）　たとう（立たう）　とう（塔）　**きのう（昨日）**　ほうき（箒）　ほうび（褒美）　りっぽう（立法）　あそぼう（遊ばう）　もうす（申す）　ようやく（漸く）　たいよう（太陽）　かえろう（帰らう）　ろうそく（蠟燭）

〔備考〕**「多い」「大きい」「凍る」「通る」「遠い」などは「おおい」「おおきい」「こおる」「とおる」「とおい」と書き、「おうい」「おうきい」「こうる」「とうる」「とうい」とは書かない。**

第三類

ウ列拗音の長音は、「きゅう」「しゅう」「ちゅう」「にゅう」のように、ウ列拗音のかなにうをつけて書く。

例　**おおきゅう（大きう）**　きゅうよ（給与）　あたらしゅう（新しう）　**きゅうり（胡瓜）**　ひゅ
きゅうしゅう（九州）　じゅう（十）　うちゅう（宇宙）　にゅうがく（入学）　ひゅうが（日向）　ごびゅう（誤謬）　りゅうこう（流行）

第四類

オ列拗音の長音は、「きょう」「しょう」「ちょう」「にょう」のように、オ列拗音のかなにうをつけて書くことを本則とする。

例　とうきょう（東京）　**きょう（今日）**　こんぎょう（今暁）　しょうねん（少年）　**まいりましょう（参りませう）**　**よいでしょう（よいでせう）**　じょうず（上手）　ちょう（蝶）　にょう（尿）　ひょう（豹）　びょう（鋲）　みょうにち（明日）　みょうじ（苗字）　りょうり（料理）　りょう（猟）

〔注意〕

1　「クヮ・カ」「グヮ・ガ」および「ヂ・ジ」「ヅ・ズ」をいい分けている地方に限り、これを書き分けてもさしつかえない。

2　拗音をあらわすや、ゆ、よは、なるべく右下に小さく書く。

3　促音をあらわすつは、なるべく右下に小さく書く。

＊太字の部分は、とくに注意すべき点を示す。

＊括弧内の漢字には、当用漢字表以外のものも使ってある。

送り仮名の付け方

（昭和四十八年六月十八日内閣告示）

単独の語

1　活用のある語

通則1

本則　活用のある語（通則2を適用する語を除く。）は、活用語尾を送る。

〔例〕
憤**る**　承**る**　書**く**　実**る**　催**す**
生**きる**　陥**れる**　考**える**　助**ける**
荒**い**　潔**い**　賢**い**　濃**い**
主**だ**

例外　(1)　語幹が「し」で終わる形容詞は、「し」から送る。

〔例〕
著**し**い　惜**し**い　悔**し**い　恋**し**い　珍**し**い

(2)　活用語尾の前に「か」、「やか」、「らか」を含む形容動詞は、その音節から送る。

〔例〕
暖かだ　細かだ　静かだ
穏やかだ　健やかだ　和やかだ
明らかだ　平らかだ　滑らかだ　柔らかだ

(3)　次の語は、次に示すように送る。
明らむ　味わう　哀れむ　慈しむ　教わる　脅かす（おどかす）　脅かす（おびやかす）
　食らう　異なる　逆らう　捕まる　群がる　和らぐ　揺する
明るい　危ない　危うい　大きい　少ない　小さい　冷たい　平たい
新ただ　同じだ　盛んだ　平らだ　懇ろだ　惨めだ
哀れだ　幸いだ　幸せだ　巧みだ

許容　次の語は、（　）の中に示すように、活用語尾の前の音節から送ることができる。
表す（表わす）　著す（著わす）　現れる（現われる）　行う（行なう）　断る（断わる）
　賜る（賜わる）

（注意）
語幹と活用語尾との区別がつかない動詞は、例えば、「着る」、「寝る」、「来る」などのように送る。

通則2
本則　活用語尾以外の部分に他の語を含む語は、含まれている語の送り仮名の付け方によって

送る。〔含まれている語を〔　〕の中に示す。〕

〔例〕

(1)　動詞の活用形又はそれに準ずるものを含むもの。

動かす〔動く〕　**照ら**す〔照る〕

語らう〔語る〕　**計ら**う〔計る〕　**向か**う〔向く〕

浮かぶ〔浮く〕

生まれる〔生む〕　**押さ**える〔押す〕　**捕ら**える〔捕る〕

勇ましい〔勇む〕　**輝か**しい〔輝く〕　**喜ば**しい〔喜ぶ〕

晴れやかだ〔晴れる〕

及ぼす〔及ぶ〕　**積も**る〔積む〕　**聞こ**える〔聞く〕

頼もしい〔頼む〕

起こる〔起きる〕　**落と**す〔落ちる〕

暮らす〔暮れる〕　**冷や**す〔冷える〕

当たる〔当てる〕　**終わ**る〔終える〕　**変わ**る〔変える〕　**集ま**る〔集める〕　**定ま**る〔定める〕　**連な**る〔連ねる〕　**交わ**る〔交える〕

混ざる・**混じ**る〔混ぜる〕

恐ろしい〔恐れる〕

(2)　形容詞・形容動詞の語幹を含むもの。

重んずる〔重い〕　若やぐ〔若い〕
怪しむ〔怪しい〕　悲しむ〔悲しい〕　苦しがる〔苦しい〕
確かめる〔確かだ〕
重たい〔重い〕　憎らしい〔憎い〕　古めかしい〔古い〕
細かい〔細かだ〕　柔らかい〔柔らかだ〕
清らかだ〔清い〕　高らかだ〔高い〕　寂しげだ〔寂しい〕

(3)　名詞を含むもの。

汗ばむ〔汗〕　先んずる〔先〕　春めく〔春〕
男らしい〔男〕　後ろめたい〔後ろ〕

許容　読み間違えるおそれのない場合は、活用語尾以外の部分について、次の（　）の中に示すように、送り仮名を省くことができる。

〔例〕
浮かぶ（浮ぶ）　生まれる（生れる）　押さえる（押える）　捕らえる（捕える）
晴れやかだ（晴やかだ）
積もる（積る）　聞こえる（聞える）
起こる（起る）　落とす（落す）　暮らす（暮す）　当たる（当る）　終わる（終る）　変わる（変る）

（注意）

次の語は、それぞれ〔 〕の中に示す語を含むものとは考えず、通則1によるものとする。
明るい〔明ける〕　荒い〔荒れる〕　悔しい〔悔いる〕　恋しい〔恋う〕

2　活用のない語

通則3
本則　名詞（通則4を適用する語を除く。）は、送り仮名を付けない。
〔例〕
月　鳥　花　山
男　女
彼　何
例外　(1)　次の語は、最後の音節を送る。
辺り　**哀れ**　**勢い**　**幾ら**　**後ろ**　**傍ら**　**幸い**　**幸せ**　**互い**　**便り**　**半ば**　**情け**　**斜め**　**独り**
誉れ　**自ら**　**災い**
(2)　数をかぞえる「つ」を含む名詞は、その「つ」を送る。
〔例〕
一つ　**二つ**　**三つ**　**幾つ**

通則4
本則　活用のある語から転じた名詞及び活用のある語に「さ」、「み」、「げ」などの接尾語が付いて名詞になったものは、もとの語の送り仮名の付け方によって送る。

〔例〕

(1) 活用のある語から転じたもの。

動き　仰せ　恐れ　薫り　曇り　調べ　届け　願い　晴れ

当たり　代わり　向かい

狩り　答え　問い　祭り　群れ

憩い　愁い　憂い　香り　極み　初め

近く　遠く

(2) 「さ」、「み」、「げ」などの接尾語が付いたもの。

暑さ　大きさ　正しさ　確かさ

明るみ　重み　憎しみ

惜しげ

例外　次の語は、送り仮名を付けない。

謡　虞　趣　氷　印　頂　帯　畳

卸　煙　恋　志　次　隣　富　恥　話　光　舞

折　係　掛(かかり)　組　肥　並(なみ)　巻　割

(注意)

ここに掲げた「組」は、「花の組」、「赤の組」などのように使った場合の「くみ」であり、例えば、「活字の組みがゆるむ。」などとして使う場合の「くみ」を意味するものではない。「光」、「折」、「係」なども、同様に動詞の意識が残っているような使い方の場合は、この例外に該当しない。従って、本則を適用して送り仮名を付ける。

許容 読み間違えるおそれのない場合は、次の（ ）の中に示すように、送り仮名を省くことができる。

〔例〕
曇**り**（曇） 届**け**（届） 願**い**（願） 晴**れ**（晴）
当**た**り（当**り**） 代**わ**り（代**り**） 向**か**い（向**い**）
狩**り**（狩） 答**え**（答） 問**い**（問） 祭**り**（祭） 群**れ**（群）
憩**い**（憩）

通則5

本則 副詞・連体詞・接続詞は、最後の音節を送る。

〔例〕
必**ず** 更**に** 少**し** 既**に** 再**び** 全**く** 最**も**
来**る** 去**る**
及**び** 且**つ** 但**し**

例外 (1) 次の語は、次に示すように送る。
明**くる** 大**いに** 直**ちに** 並**びに** 若**しくは**

(2) 次の語は、送り仮名を付けない。

又

(3) 次のように、他の語を含む語は、含まれている語の送り仮名の付け方によって送る。(含まれている語を〔 〕の中に示す。)

〔例〕

併せて〔併せる〕　**至っ**て〔至る〕　**恐らく**〔恐れる〕　**従っ**て〔従う〕　**絶えず**〔絶える〕

例えば〔例える〕　**努め**て〔努める〕

辛うじて〔辛い〕　**少なく**とも〔少ない〕

互いに〔互い〕

必ずしも〔必ず〕

複合の語

通則6

本則　複合の語(通則7を適用する語を除く。)の送り仮名は、その複合の語を書き表す漢字の、それぞれの音訓を用いた単独の語の送り仮名の付け方による。

〔例〕

(1) 活用のある語

書**き**抜**く**　流**れ**込**む**　申**し**込**む**　打**ち**合**わせる**　向**かい**合**わせる**　長引**く**　若返**る**　裏切

る　旅立つ
聞き苦しい　薄暗い　草深い　心細い　待ち遠しい　軽々しい　若々しい　女々しい
気軽だ　望み薄だ

(2)　活用のない語

石橋　竹馬　山津波　後ろ姿　斜め左　花便り　独り言　卸商　水煙　目印
田植え　封切り　物知り　落書き　雨上がり　墓参り　日当たり　夜明かし　先駆け　巣立ち　手渡し
入り江（入江）　飛び火（飛火）　教え子　合わせ鏡（合せ鏡）　預かり金（預り金）
抜け駆け（抜駆け）　暮らし向き（暮し向き）　売り上げ（売上げ・売上）　取り扱い（取扱い・取扱）　乗り換え（乗換え・乗換）　引き換え（引換え・引換）　申し込み（申込み・申込）　移り変わり（移り変り）
有り難み（有難み）　待ち遠しさ（待遠しさ）
立ち居振る舞い（立ち居振舞い・立ち居振舞・立居振舞）　呼び出し電話（呼出し電話・呼出電話）

（注意）

「こけら落とし（こけら落し）」、「さび止め」、「洗いざらし」、「打ちひも」のように、前若（も）しくは後ろの部分を仮名で書く場合は、他の部分については、単独の語の送り仮名の付け方による。

通則7
複合の語のうち、次のような名詞は、慣用に従って、送り仮名は付けない。
〔例〕
(1) 特定の領域の語で、慣用が固定していると認められるもの。
ア 地位・身分・役職等の名。
関取　頭取　取締役　事務取扱
イ 工芸品の名に用いられた「織」、「染」、「塗」等。
〈博多〉織　〈型絵〉染　〈春慶〉塗　〈鎌倉〉彫　〈備前〉焼
ウ その他。
書留　気付　切手　消印　小包　振替　切符　踏切
請負　売値　買値　仲買　歩合　両替　割引　組合　手当
倉敷料　作付面積
売上〈高〉　貸付〈金〉　借入〈金〉　繰越〈金〉　小売〈商〉　積立〈金〉　取扱〈所〉　取扱〈注意〉　取次〈店〉　取引〈所〉　乗換〈駅〉　乗組〈員〉　引受〈人〉　引受〈時刻〉　引換〈券〉
〈代金〉引換　振出〈人〉　待合〈室〉　見積〈書〉　申込〈書〉
(2) 一般に、慣用が固定していると認められるもの。
奥書　木立　子守　献立　座敷　試合　字引　羽織　場合　葉巻　番組　番付　日付
水引　物置　物語　役割　屋敷　夕立　割合

合図　合間　植木　置物　織物　貸家　敷石　敷地　敷物　立場　建物　並木　巻紙
受付　受取
浮世絵　絵巻物　仕立屋
（注意）
(1)「〈博多〉織」、「売上〈高〉」などのようにして掲げたものは、〈　〉の中を他の漢字で置き換えた場合にも、この通則を適用する。
(2) 通則7を適用する語は、例として挙げたものだけで尽くしてはいない。従って、慣用が固定していると認められる限り、類推して同類の語にも及ぼすものである。通則7を適用してよいかどうか判断し難い場合には、通則6を適用する。

付表の語

「当用漢字改定音訓表」の「付表」に掲げてある語のうち、送り仮名の付け方が問題となる次の語は、次のようにする。

1　次の語は、次に示すように送る。
浮**つく**　お巡**り**さん　差**し**支**える**　五月晴**れ**　立**ち**退**く**　手伝**う**　最寄**り**
なお、次の語は、（　）の中に示すように、送り仮名を省くことができる。
差**し**支える（差支える）　五月晴**れ**（五月晴）　立**ち**退く（立退く）

2　次の語は、送り仮名を付けない。
息吹　時雨　築山　名残　雪崩　吹雪　迷子　行方

外来語の表記

（昭和二十九年三月国語審議会報告）

外来語表記の原則

1 外来語は、原則としてかたかなで書き、別表「外来語を書くときに用いるかなと符号の表」の範囲内で書く。

2 慣用の固定しているものは、これに従う。

リュックサック (Rucksack)　ケーキ (cake)

3 はねる音は「ン」と書く。

テンポ (tempo)　トランク (trunk)

4 つまる音は、小さく「ッ」を書き添えて示す。

コップ (kop)　カット (cut)

5 従来、原語のつづりに引かれて、「ン」（はねる音）「ッ」（つまる音）を添えて書き表わしたものは、「ン」「ッ」を使わない。

コミュニケ（コンミュニケ）(communiqué)　コピー（コッピー）(copy)　アコーディオン（アッコーディオン）(accordion)　アクセサリー（アクセッサリー）(accessary)　キス（キッス）(kiss)

〔例外〕 シャッター (shutter) バッター (batter) バッテリー (battery) カッティング (cutting)

6 よう音は、小さく「ャ」「ュ」「ョ」を書き添えて示す。

ジャズ (jazz) シュークリーム (chou à la crème) チョーク (chalk)

7 長音を示すには、長音符号「ー」を添えて示し、母音字を重ねたり、「ウ」を用いたりしない。

ボール (ball) オートバイ (auto-bicycle)

なお、原音における二重母音の「エイ」「オウ」は長音とみなす。

ショー (show) メーデー (May-Day)

〔例外〕 エイト (eight) ペイント (paint)

8 イ列・エ列の音の次の「ア」の音は、「ヤ」と書かずに「ア」と書く。

ピアノ (piano) ヘアピン (hair-pin)

〔例外〕 ダイヤ (diamond, diagram) タイヤ (tire, tyre) ベニヤ板 (veneer) ワイヤ(wire)

9 原音における「トゥ」「ドゥ」の音は、「ト」「ド」と書く。

ゼントルマン (gentleman) ブレーントラスト (brain trust) ドライブ (drive) ドラマ (drama)

〔例外〕 ツーピース (two piece) ツリー (tree) ズック (doek) ズロース (drawers)

10 原音における「ファ」「フィ」「フェ」「フォ」・「ヴァ」「ヴィ」「ヴ」「ヴェ」「ヴォ」の音は、なるべく「ハ」「ヒ」「フ」「ヘ」「ホ」・「バ」「ビ」「ブ」「ベ」「ボ」と書く。

プラットホーム (platform)　ホルマリン (Formalin)　バイオリン (violin)　ビタミン (Vitamin)　ベランダ (veranda)

ただし、原音の意識がなお残っているものは、「ファ」「フィ」「フェ」「フォ」・「ヴァ」「ヴィ」「ヴ」「ヴェ」「ヴォ」と書いてもよい。

ファインプレー (fine-play)　フェミニスト (feminist)　ヴェール (veil)　ヴォキャブラリー (vocabulary)

11　原音における「ティ」「ディ」の音は、なるべく「チ」「ジ」と書く。

チーム (team)　チンキ (tinc [tuur])

ラジオ (radio)　ジレンマ (dilemma)

ただし、原音の意識がなお残っているものは、「ティ」「ディ」と書いてもよい。

ティー (tea)　ビルディング (building)

12　原音における「シェ」「ジェ」の音は、なるべく「セ」「ゼ」と書く。

セパード (shepherd)　ミルクセーキ (milk-shake)　ゼスチュア (gesture)　ゼリー (jelly)

ただし、原音の意識がなお残っているものは、「シェ」「ジェ」と書いてもよい。

シェード (shade)　ジェット・エンジン (jet engine)　ページェント (pageant)

13　原音における「ウィ」「ウェ」「ウォ」の音は、なるべく「ウイ」「ウエ」「ウオ」と書く。

ウイスキー (whisky)　ウエーブ (wave)　ストップウオッチ (stopwatch)

ただし、「ウ」を落とす慣用のあるものは、これに従う。

サンドイッチ (sandwich)　スイッチ (switch)

14　原音における「クァ」「クィ」「クェ」「クォ」の音は、なるべく「カ」「クイ」「クエ」「コ」と書く。

レモンスカッシ (lemon-squash)　クイズ (quiz)　スクエア (square)　イコール (equal)

ただし、原音の意識がなお残っているものは、「クァ」「クィ」「クェ」「クォ」と書いてもよい。

スリークォーター (three quarter)　クォータリー (quarterly)

15　Xを「クサ」「クシ」「クス」「クソ」と発音する場合は、「キサ」「キシ」「キス」「キソ」と書かないで、なるべく「クサ」「クシ」「クス」「クソ」と書く。

タクシー (taxi)　ボクシング (boxing)

〔例外〕 エキストラ（エクストラ）(extra)　エキス（エクス）(extract)　テキスト(テクスト) (text)　タキシード (tuxedo)

16　原語（特に英語）のつづりの終りの—er, —or, —ar などをかな書きにする場合には、長音符号「ー」を用いる。

ライター (lighter)　エレベーター (elevator)

ただし、これを省く慣用のあるものは必ずしもつけなくてもよい。

ハンマ (hammer)　スリッパ (slipper)　ドア (door)

17　語末（特に元素名等）の —um は「ウム」と書く。

アルミニウム (aluminium) ラジウム (radium)
〔例外〕 アルバム (album) スタジアム (stadium)

18 原音における「テュ」「デュ」の音は、「チュ」「ジュ」と書く。
スチュワーデス (ステュワーデス) (stewardess) チューブ (テューブ) (tube) ジュース (deuce) (スポーツ用語) ジュラルミン (デュラルミン) (duralumin)
〔例外〕 プロデューサー (producer)

19 原音における「フュ」「ヴュ」の音は、「ヒュ」「ビュ」と書く。
ヒューズ (フューズ) (fuse) レビュー (レヴュー) (revue) インタビュー (インタヴュー) (interview)

〔注〕 外来語を書き表わす場合には、「ヰ」「ヱ」「ヲ」「ヅ」「ヂ」は使わない。

外来語を書くときに用いるかなと符号の表

注 ( ) 印は一般の外来語にはあまり使われない。

ア	イ	ウ	エ	オ
カ	キ	ク	ケ	コ
サ	シ	ス	セ	ソ
タ	チ	ツ	テ	ト

ナ ニ ヌ ネ ノ
ハ ヒ フ ヘ ホ
マ ミ ム メ モ
ヤ ユ ヨ
ラ リ ル レ ロ
ワ
ン
ガ ギ グ ゲ ゴ
ザ ジ ズ ゼ ゾ
ダ デ ド
バ ビ ブ ベ ボ
パ ピ プ ペ ポ
キャ キュ キョ
シャ シュ ショ
チャ チュ チョ
（ニャ） ニュ （ニョ）
（ヒャ） ヒュ （ヒョ）
（ミャ） ミュ （ミョ）

（リャ） リュ （リョ）
ギャ ギュ （ギョ）
ジャ ジュ ジョ
ビャ ビュ ビョ
ピャ ピュ ピョ
ウィ ウェ ウォ
クァ
シェ
チェ
（ツァ） （ツェ） （ツォ）
ティ
ファ フィ フェ フォ
ジェ
ディ デュ
ヴァ ヴィ ヴ ヴェ ヴォ
ン（はねる音）
ッ（つまる音）
ー（長音符）

ローマ字のつづり方　付　標準式・日本式との異同

（昭和二十八年三月国語審議会建議、翌二十九年十二月内閣告示による）

まえがき

1　一般に国語を書き表わす場合は、第一表に掲げたつづり方によるものとする。

2　国際的関係その他従来の慣例をにわかに改めがたい事情にある場合に限り、第二表に掲げたつづり方によってもさしつかえない。

3　前二項のいずれの場合においても、おおむねそえがきを適用する。

kya	kyu	kyo
sya	syu	syo
tya	tyu	tyo
nya	nyu	nyo
hya	hyu	hyo
mya	myu	myo
rya	ryu	ryo
gya	gyu	gyo
zya	zyu	zyo
(zya)	(zyu)	(zyo)
bya	byu	byo
pya	pyu	pyo

第1表〔(　)は重出を示す〕

a	i	u	e	o
ka	ki	ku	ke	ko
sa	si	su	se	so
ta	ti	tu	te	to
na	ni	nu	ne	no
ha	hi	hu	he	ho
ma	mi	mu	me	mo
ya	(i)	yu	(e)	yo
ra	ri	ru	re	ro
wa	(i)	(u)	(e)	(o)
ga	gi	gu	ge	go
za	zi	zu	ze	zo
da	(zi)	(zu)	de	do
ba	bi	bu	be	bo
pa	pi	pu	pe	po

第2表

sha	shi		shu	sho
			tsu	
cha	chi		chu	cho
			fu	
ja	ji		ju	jo
di	du	dya	dyu	dyo
kwa				
gwa				
				wo

そえがき

前表に定めたもののほか、おおむね次の各項による。

1 はねる音「ン」はすべてnと書く。

2 はねる音を表わすnと次にくる母音字またはyとを切り離す必要がある場合には、nの次に ' を入れる。

3 つまる音は、最初の子音字を重ねて表わす。

4 長音は母音字の上に^をつけて表わす。なお、大文字の場合は母音字を並べてもよい。

5 特殊音の書き表わし方は自由とする。

6 文の書きはじめ、および固有名詞は語頭を大文字で書く。なお、固有名詞以外の名詞の語頭を大文字で書いてもよい。

付　標準式・日本式との異同

（昭和二十九年内閣告示によるものを新訓令式とよぶ。空欄は新訓令式と同じである）

標準式	新訓令式	日本式
fu	hu	
n, m	n	
shi	si	
chi	ti	
tsu	tu	
ji	zi	
sha	sya	
shu	syu	
sho	syo	
cha	tya	
chu	tyu	
cho	tyo	
ja	zya	dya
ju	zyu	dyu
jo	zyo	dyo
	ka	kwa
	ga	gwa
ji	zi	di
	zu	du
	o	wo

縦書きの数詞表記法　付「助数詞の基準」

一　一般数で単位語（兆、億、万、千、百、十）を入れるもの

特に簡略化するために、単位語を避けて、「一六世紀、午後〇時三五分、五一歳」などのように用いる場合も許容される。単位語を用いない「一方式」と、用いる「十方式」があるが、同一文章の中での不統一は見苦しいので、いずれかに整理したほうがよい。

「零、ゼロ」の場合は、欧文の「O」と紛らわしいので原則として「0」は用いない。特に文中に欧文の略記号がある場合には避けたほうがよい。（例　「零度、零点、ゼロ敗、零（ゼロ）からの出発」など。）

〔金額、その他〕

三兆八六〇五億二九七四万六九二三円（万以上の数字の場合には、千、百、十などは入れない。また、位取りの読点（、）も入れない。表などに用いる場合は、三、八六〇、五二九、七四六、九二三円と単位語は略したほうがよい。その場合、ふつうは三桁法が多く用いられるが、四桁法で三、八六〇五、二九七四、六九二三円としてもよい。そのほうが単位が明確で数えやすい。）

八千万人、一万トン、千メートル、四百万円、八十校（十、百、千、万、百万、千万、億など、

きまりのよい数字の場合は単位語を用いる。単位語が一をうけるときは、ふつう、千、百、十には一を用いないが、千億、千万は一をつけて一千億、一千万とする。)

七十三枚、十八軒(二桁の数字には十を入れる。七三枚、一八軒とはしない。三桁、四桁の数字で、一以上の数値を二つ以上含むときは、単位語を入れないで、七三〇〇枚、八〇六軒のようにする。)

〔世紀、年月日、時間〕

十六世紀、二十世紀(一六世紀、二〇世紀とはしない。)

昭和四十四年十月十五日(昭和四四年一〇月一五日、昭和四四年十月十五日とはしない。特に略す必要のあるときは、昭四四・一〇・一五としてもよい。)

午後零時三十五分(午後〇時三五分とすることもある。これらの場合、廿、卅などは用いない。)

〔年齢〕

五十一歳、四十代(五一歳、四〇代とはしない。)

〔普通の番号〕

第三十二番(第三二番とはしない。)

二　一般数で単位語を入れないもの

〔西暦の年月日〕

一九六九年一一月三〇日(位取りの読点は入れない。)

〔経（緯）度・温度〕

北緯一七度線、東経一三五度四〇分（横書きの場合、「度、分」は、°′を用いてもよい。）

零下三〇・五度　三八・五度

〔電話番号、列車・自動車番号〕

(03)二九一局七六五一—九番　練馬（991）二一九〇番（位取りの読点は入れない。）

京都行一二七列車　5練い〇三八九

〔船のトン数・百分比〕

氷川丸　一万三五〇〇トン　三万四五〇〇トン

五七・三%（なるべく「パーセント」は避けたい。）

〔気圧・風速〕

九七〇ミリバール、三四メートル（温度、標高、水深、水位、降雨量、積雪量、身長、体重、面積、船のトン数などを表わす場合も同じ。千以上のときは、位取りを表わす読点を入れる。「キロ」の単位の場合、「グラム、メートル」などは省くこともある。）

〔通貨〕

五十円硬貨　百円札　一万円札　二ドル　三ポンド

三　一般数で単位語を入れるか、入れないか、両様あるもの

特に簡略化する必要のあるときは、カッコ内のように用いてもよい。

〔法令の番号〕

憲法第十九条（憲法第一九条）

昭和四十四年法律第二百六号（昭和四十四年法律第二〇六号）

〔巻数・頁〕

第二十一巻第十編第十四章二八ページ（第二一巻第一〇編第一四章二八ページ）

〔所番地〕

板橋区板橋十丁目二八一一番地（丁目には十を用いる。番地には千、百、十は用いない。「豊島区池袋一〇の一三五」のように丁目、番地などを略すときは、単位語を入れない。）

四　数の幅を示すもの

数の幅を表わす場合は、原則として上位の数を省かない。「乃至、及び、—から—まで」などを示すつなぎ符号（—、〜）は一倍以上にしない。

一五〇—一八〇万円（一五〇—八〇万円とはしない。百五十万—百八十万円も用いない。）六七—六八％（六七—八％とはしない。）

十七—十八世紀、二十二—二十七日（一七—八世紀、二二—二七日とはしない。）

六千ないし九千台

西暦の場合や表などに用いる場合は、次のようにする。

文化文政のころ（一八〇四—三〇年）

一九四五―四八年（一九四五―八年、一九四五年―四八年とはしない。）
一八九九―一九〇二年
一二五―六頁（二桁の位に当たる場合は、一二九―〇頁としないで、一二九―三〇頁とする。）

五　不確定数を示すもの

数値をきめがたいものや、一定の基準の前後を表わすものや、期間の経過を表わすものがある。原則として、単位語を用いる。

数十人、十余人、十何人、約（およそ、おおむね、ほぼ）三千人、七、八百人、二十四、五人、二十人前後、二十人余り（数一〇人、七、八〇〇人、約三〇〇〇人、二四、五人、二〇人余り、などとはしない。一桁の位は二十四五人、三十七八歳、十四五日などのように位取りの読点を省くやり方もある。）

二十歳未満、百年以前（二〇歳未満、一〇〇年以前とはしない。ふつう、以上、以下はその数を含み、未満はその数を含まない。以前、以後、以来は含む場合と含まない場合がある。）

満十年、三ヵ月（満一〇年とはしない、三ヵ月の「ヵ」は小さくしない。平がなを用いることもある。「ケ、個、箇」はなるべく用いない。）

六　小数・分数

一万二一五六・三五メートル（小数点は中黒を用いる。位取りの読点はいらない。）

三分の一、二十分の十五（$\frac{1}{3}$、二〇分の一五、$\frac{15}{20}$とはしない。）
横書きの場合は、以上に挙げた例はアラビア数字（洋数字）を用い、大きな数の場合は、単位語を入れる。

七　熟した語の扱い

縦書きでも、横書きでも、次のような熟語や成句、固有名詞や慣用が固定しているものは、漢数字を用い、本来単位語を用いるものは、省いてはいけない。

一斉に、一概に、百年の計、五・一五事件、三十三間堂、万歳三唱、仏の顔も三度、鬼も十八番茶も出花

八　縦書きにアラビア数字を用いる場合

縦書きでも、スポーツ関係や、自動車、列車、国道などの番号、漢数字が重なってまぎれやすい場合は、アラビア数字を用いることもある。また、特殊な場合は、ローマ数字や時計文字（ⅢⅣなど）を用いることもある。

背番号23、1分13秒（大会新）、多摩5れ4791、こだま121号、国道13号線、8三振、9ポ四分（「第二・四半期」なども「第2四半期」とすることがある。）

付「助数詞の基準」

古くから特定のものを示す助数詞は発達し、その数は数百に及ぶが、現在は新聞などでも、おおむね以下のような用い方が行なわれている。

匹 動物などに用いる。鳥は「羽」で数え、大型の動物は「頭」で、魚は「尾」で数えることもある。種類の異なる動物を一括する場合は、「匹」を用いる。「兎」は「羽」を用いることもある。

個 「茶碗、林檎、たばこ、眼鏡、師団」など、不定形のものや、助数詞のあいまいなものに用いる。「こ、コ」は用いない。「つ」を用いることもある。

粒 「真珠、丸薬」など、きわめて小さいものに用いる。

本 「紐、木、刀、列車」など、形の長いものに用いる。「刀」は「振」を用いることもある。

枚 「地図、むしろ」など、平面的なものに用いる。

面 「碁盤、テニス・コート、養殖池」などの、平面的なものに用いる。

台 「テレビ、カメラ、自動車」など、機械、器具などに用いる。

基 「石塔、クレーン、ガス・タンク」など、固定した施設に用いる。

隻 船舶などに用いる。小型の舟艇には「艘」を用いることもある。

機 航空機などに用いるが、ときには「台」で数えることもある。

輛(両) 車輛に用いるが、ときには「台」で数えることもある。

梃(丁) 「のみ、鍬、鎌、小銃」など、主として手に持って使う器具、道具、銃器などに用いる。

棟・戸・軒 主として建物に用いる。住居の単位としては「戸、軒」を用いる。

点・件 異なる物品や物体を一括して数えるときに用いる。

横書きの数字表記法

数字は原則として、できるだけアラビア数字を用い、数の意味が全くないものは和数字を用いる。

一　数

アラビア数字の表記では位取りのコンマは入れないのが原則である。自然科学ものでは入れない。

152　8822　3.1416

万億兆という単位語を入れたほうが読みやすい。このときは位取りコンマは入れない。

25億8000万人　7万6000円

1つ，2つ，3つ，第1，第2，第3

‘3分の2’などという表記はやめて‘$\frac{2}{3}$’，‘⅔’とする。

‘第1に’など副詞に使われるときは‘第一に’でもよい。

昭年41年6月29日午後5時30分　5角形　最小2乗法　10進法　3原色　第3四半期

5三振　3四球

100年祭　3か月　1人当たり3 g　100円札　第9交響曲

2重　2次方程式　5線譜　3個師団　1年は365日

資本論第３巻第47章第５節　Ｂ６判　高等官４等　１－１対応

９ポ23字詰50行２段組　ノンブル１おこし　２行増

5.15事件　４捨５入　Ｂ29爆撃機　第２次大戦　13回忌

二　数の幅

４，５人　３，４日

十六七世紀　二三百人　コンマ不要

ページ数は全数表記でダッシュを用いる。Ｐ.195–198

年数は同一世紀の時は終期は後二桁とする。1961–66　1890–1955

三　概数

‘数百キログラム’，‘数十ページ’のように和数字を用い、単位も片かな書きとする。‘数10円’‘100余人’とはしない。‘500円余り’はよいが、‘500余円’は不可。‘数十m’‘数十％’なども用いられることがある。

何十人　百数十個　十数パーセント

四　その他

2, 4–D

零、ゼロはつとめて０にする。

次のようなものは熟語、成句、固有名詞として和数字を用いる。

一定　均一　一致　一般　一義的　一足跳び　一切　一様

二分アキ　四分物　字間三分　一部分

三途の川　百貫デブ　八百屋　八百八町

遮二無二　青二才　関東一円　一応　真実一路　三三五五

十分条件　三三九度　二百十日　八十八夜　四六判

白髪三千丈　嘘八百　同一視する　三斜晶系

化合物の名称は和数字を用いる。

一酸化炭素　四三酸化鉄　第二鉄塩

アラビア数字、和数字両方とも用いられる例。

1点　一点　1つ　一つ　2通り　二通り　前2者　前二者

4捨5入　四捨五入　3角関数　三角関数

1例として　1種である

いずれにしても混用は避けたい。自然科学ものでは原則として、できるだけアラビア数字を用いる。

分別書キ方案

（明治三五年七月に国語調査委員会が調査方針及び調査事項として決まったもの。新漢字にした。）

第一章　名詞・代名詞

名詞・代名詞ハ他ノ語ヨリ離シテ書ク

例　いぬ	ねこ」	たろー	ちよ」
はる	なつ」	あか	しろ」
あそび	ならひ」		
にぐるま	あまど」	ふでたて	くぎぬき」
はしぢか	うらじろ」	つりがね	おりもの」
あかご	ちかみち」	かきとり	よみはじめ」
たかわらひ	うれしなき」	とほあさ	うすあを」
はつゆき	ごせんぞ」	すがほ	きそば」
たかさ	おもみ」	かやりび	ねずみいらず」
わたくし	わたし	じぶん	ぼく
あなた	おまへ	きみ	どなた
だれ」	これ	それ	あれ
どれ	なに」	こゝ	そこ
あそこ	どこ」	こっち	そっち

あっち　　　どっち」
われ〳〵　だれ〳〵　それ〳〵　どれ〳〵
あっちこっち　そっちこっち　どこそこ　たれそれ
注意一、名詞又ハ代名詞ニ複数又ハ尊称ヲ示ス語ノ附ク場合ニハ其各ヲ離シテ書ク但シ単立語ト見做スベキモノハ此限ニアラズ
例　こしんぷ　がた、ねいさん　たち、たろー　ら、まつ　など、わるものども、おこども　しゅー」てんのー　へいか、こーたいし　でんか、たけを　さま、おちょ　さん、やまだ　くん、しょーい　どの」
ごしんぷ　さま　がた、おちよ　さん　たち、やまだ　くん　など」
わたくし　ども、おまへ　たち、きみ　ら、あなた　がた、あれ　など」どなた　さま、おまへ　さん」
あなた　さま　がた、おまへ　さん　たち」
但書ノ例　ともだち　こども」　おとうさん　おかあさん　にいさん　ねいさん」
二、助詞ノの又ハがヲ介シテ二ツノ名詞ヲ繋ギタルモノモ複合語ト見做スベキモノハ合セテ書ク
例　たけのこ　くすのき　おにがしま　あさまがたけ」
三、姓ト名ハ離シテ書ク
例　やまだ　こーさく、をかもと　きく」

第二章　数　詞

数詞ハ他ノ語ヨリ離シテ書ク但シ名詞ト合シテ複合語ヲ作ルモノハ此限ニアラズ
例　いち　に　さん　し
いちまい　にほん　さんさつ　しとー」
ごばん　ろくばんめ　だいしちごー」

但書ノ例

ふたばん　よしな　ごこく　ろくかせん」
みつあふぎ　な丶つどーぐ　さんかこく　いっけんや
いちばんやり　さんごーひょー」

第三章　動詞

動詞ハ助動詞及ビ助詞ノ条ニ規定セルモノヲ除キ他ノ詞ヨリ離シテ書ク

例　かく　よむ　おちる　しひる
かねる　おそれる　くる　する
なきだす　かりとる」　つみする　うんどーする」
とりみだす　さしあげる　おしとほす　ひきこす」
はるめく　がくしゃぶる　きばむ　うれしがる」

第四章　助動詞

助動詞、上ノ動詞又ハ助動詞ト続ケテ書ク但シ敬語動詞ヨリ転ジタル助動詞、指定ノ助動詞、及ビ推量ノ助動詞「だらう」「でせう」ハ此限ニアラズ

例　か丶せる　うたれる　とります　うけぬ　たてた
おちない　ゆきたい　ゐるらしい　こまい
か丶せられる　みさせたい　うたれない　みられよう　きたらしい
まゐりませぬ　あそびますまい　ゐるらしかった　ゆかぬらしい
か丶せないらしい　うたれなかった　うけられますまい　うたれるらしかった

但書ノ例

おあそびなさる、　おまねきくださる、　おあひまうす、

おうけ いたす」 ある の だ、 みるの です」 とる だらう、 ゆく でせう、」
おうたれ なさる、 おた、せ まうす、 おまねき くださらぬ、
おうけ なさいます、 おうち なさった、 おつれ くだされたい」
よませる の だ、 うたれる の です、 よむ の だらう、
うつ の でした」 とらぬ だらう、 いった でせう」
おうたれ なさいます、 おきかせ まうします、 おまねき くださいませぬ、
おうち なさったらしい、 おうかがひ いたしませう」 おうたれ なさる の だ、
おうけ なさらない の です」 ゆかせたい だろう、 まゐりませぬ でせう」
おうたれ なさいませう、 おまたせ まうしました、 おいで くださらなかったらう、
おうたれ なさる の だらう、 おうけ なさらない の でせう」 ゆかせたかっただらう、
うたれました でせう」

第五章 形容詞

形容詞ハ他ノ語ヨリ離シテ書ク

例 たかい ながい うつくしい あたらしい
こころやすい えんどほい」 よみにくい おそれおほい」
あをじろい うすぐらい」 かよわい こだかい」
をとこらしい かってがましい」 いさましい うらやましい」
なれ〳〵しい いま〳〵しい」 はな〴〵しい くだ〳〵しい」

注意 名詞・代名詞ノ上ニ附キテ形容詞ノ如ク用ヒラル、「この」「その」「どの」「こんな」「そんな」「あんな」「どんな」及ビ「あきらかな」「しづかな」「きれいな」「こーしょーな」ノ類ハ他ノ詞ヨリ離シテ書ク

第六章 副詞

副詞ハ他ノ語ヨリ離シテ書ク

例　つい　わすれた、　ただ　みる　ばかり、　また　くる、
みな　あつまる、　すぐ　ゆく、　まだ　こない」
あす　ゆかう、　むかし　あった、
たかく　そびえる、　あたらしく　たてる、　あまり　ひどい、

いまごろ　はやる
かず〱　ありがたう
ひときは　すぐれる
たえ〲　くる
みる〱　ひろがる
くりかへし　よむ
ひとしきり　ふる
たえず　いたむ
よく〱　ごらん　なさい
なほさら　しらぬ
さら〱　ぞんぜぬ
わや〱　さわぐ
しひて　ゆく
まことに　かんしん　だ
しきりに　なる
おもに　はたらいた
あたたかに　なる
ないがしろに　ふるまふ

あさゆふ　ながめる
とき〲　きます
ひとしほ　よい
おひ〱　あつく　なる
なく〱　かへる
さしあたり　こまる
ひととほり　はなす
とりあへず　しらせる
なが〱　おせわ　でした
ただいま　まゐります
ゆめ〱　して　は　ならぬ
ちら〱　ちる
たとへば　こんな　もの
じつに　うつくしい
みだりに　はいる
あしばやに　さる
あきらかに　みえる
ほしいままに　とる

いき〳〵と して ゐる　　　あり〳〵と みえる
やす〳〵と うまれる　　　かる〴〵と あげる
ざーざーと ふる　　　　　ぴか〳〵と ひかる
まのあたり みる　　　　　ひとかたならず おどろく

第七章 接続詞

接続詞ハ他ノ語ヨリ離シテ書ク

例 よく まなび また よく あそぶ

きしゃ に は ま に あった しかし ぜにいれ を おとして しまった

あす は まゐります もっとも あめが ふったら まゐりませぬ

にっぽん しな および ちょーせん

おきゃく を ざしき に とほした さうして（そして） おちゃ を だした

きのふ うへの へ まゐりました それから おーじ へ も まゐりました

あめ が ふる それに かぜ も ふく

あなた いらっしゃいます か それとも いらっしゃいませぬ か

あの ひと は たいそー べんきょーした の だ それだから（それで、だから）
　　　　　　　　　　　　　　　　　　　　です それですから（それで、ですから）

あんな めいよ を えた の だ
　　　　　　　　　　　　　です

こんなに あめ が ふっても いかう と いふ の か それなら すき に する が よい
　　　　　　　　　　　　　　　　　　　　　　　　それでは

いぬ が ほえかかって きました そこで つゑ で うって やりました

ゆふべ うち の いぬ が たいそー ほえた さうすると（すると） よそ の いぬ も ほえだした

あの　ひと　は　きんまんか　だ／です　それだけれども（だけれども）／それだが（だが）／それですけれども（ですけれども）／それですが（ですが）　りんしょくか　だ／です

おとっさん　は　びょーき　で　ふせって　をる　さう　だ／です　それだのに／それに／それですのに　あの
ひと　は　であるいて　ばかり　ゐる／ゐます

第八章　助　詞

助詞ハ他ノ語ヨリ離シテ書ク但シ命令ヲ表ス助詞ハ此限ニアラズ

例　はな　が　ちる　　はをり　の　ひも　　きしゃ　に　のる
ふで　で　かく　　みづ　を　のむ　　ひと　と　いふ　もの
みやこ　へ　のぼる　　ゐなか　から　きた　　うみ　より　ふかい
よる　まで　はたらく　　はな　や　つき
とり　は　とぶ、み　は　せぬ、よく　は　しらぬ、あたゝかに　は　ならぬ」
いぬ　も　あるく、さはり　も　せぬ、わるく　も　ない」
けふ　こそ　きちにち、捨て　こそ　せぬ　が　いらぬ、おまへ　の　ため　を
おもへ　ば　こそ　しかる　の　だ」
めし　さへ　くはぬ、よむ　さへ　むづかしい、ともだち　に　さへ　はなす」
きみ　ばかり　しって　ゐる、おもふ　ばかり　だ、しゃべって　ばかり　ゐる」
ふたつ　だけ　とる、よんだ　だけ　かく、きみ　に　だけ　はなす」
これ　ほか／しか　ない、とめる　ほか／しか　しかた　が　ない、すこし　ほか／しか　残って

ゐない、ほんもの と ほか しか おもはれぬ」
これ なら きに いらう、よむ なら かさう、よい なら もらはう」
ふで なり すみ なり かって ください、ゆく なり ゆかぬ なり はやく きめよ」
それ は なに か、あした ゆく か、なに を する の か」
わるい こと は する な」
よく かんがへれ ば しぜんに わかる、ゆかなけれ ば あはれぬ、みじかけれ ば つげ」
かぜ は ふく が あめ は ふらぬ、みた が みえなかった、そと は
すずしい が うち は あつい」
じ も かく し ゑ も かく、とーきょー へも いった し にっこー へも
いった、みち は ちかい し つれ も ある から ゆく こと に しよう」
わるい こと を すれ ば しかられる、うんどー なさらない と からだ
が わるく なります、ながい と きられる」
いま ゆく から まて、つかれた から やすむ、とほい から ゆかぬ」
とりだし て みる、うたれ て なく、しぶく て くへぬ」
み ても みえぬ、ゆかなく ても よい、・むづかしく ても できる」
ゆく けれども おそい、くった けれども あぢ が わからぬ、たかい けれども じょーぶ だ」
よく かんがへて みる に さう いふ どーり は ない、まねいた に
こない、くれ ば よい に こない」
ひと と うまれ ながら にんじょー を しらぬ、こよう こよう と いはれ ながら まだ こられぬ」
み たり きい たり する、うたれ たり けられ たり した」

但書ノ例

はやく おきろ、あれ を みよ、こっち へ こい

注意一、て・ても及ビたりガ促音又ハ発音ノ下ニ来ルトキハ之ヲ続ケテ書ク

例　いって　みる、　とんで　ゆく」

まっても　こまい、　しんでも　わすれぬ」

かったり　うったり　する、　とんだり　はね　たり　する」

二、助詞ノ下ニは又ハもノ来クルトキハ之ヲ続ケテ書クコトヲ得

例　うち　には　をらぬ　　たろー　にも　やれ

ふで　では　かけぬ　　ふで　でも　かける

たばこ　をば　のむ　　さけ　をも　のむ

たろー　とは　あそばぬ　　たろー　とも　あそぶ

とーきょー　へは　ゆかぬ　　とーきょー　へも　ゆく

やま　よりは　ひくい　　うみ　よりも　たかい

ここ　からは　みえぬ　　そこ　からも　みえよう

第九章　感嘆詞

感嘆詞ハ他ノ語ヨリ離シテ書ク

例　あー　いたい、　おー　こはい、　まー　みごとな、　やー　しくじった、

やれ　よかった、　おい　どうした、　やい　まて、　あれ　きしゃ　が　きた、

おや　あんな　こと　を、　さー　まゐりませう、　はい　さよー　で　ございます、

いえ　さよー　では　ございませぬ、　これ（こら）　なに　を　して　ゐる、

それ（そら）　そこ　に　ある、　どれ（どりや）　とりかゝらう」

さうです　ね（ねー、なー）　わたくし　も　まゐります　よ、　ひと　が　きた　ぞ、　まゐります　とも」

あーあー　やーやー　やれやれ　おいおい　おやおや　あれあれ　もしもし　こらこら　どれどれ

参考（引用）文献

市川孝『国語教育のための文章論概説』（教育出版）
大久保忠利『日本文法と文章表現』（東京堂）
拙著『日本文学における句読法』『そこに句読点を打て!』『文体としての句読点』（栄光出版社）
空西哲郎『教室英文法シリーズ＊句読法』（研究社）
平井昌夫『文章を書く技術』（社会思想社）
時枝誠記『現代の国語学』（有精堂）
平井昌夫編『文章採点法』（至文堂）
日本エディタースクール『校正必携』
日本エディタースクール『出版編集技術I』
松田福松編述『文章法詳解』（吾妻書房）
丸谷才一・大野晋対談「チョンチョン括弧の研究」（『諸君』昭和五十三年五月号所収）
E. Partridge "You Have a Point There"
C. H. Vivian & B. M. Jackson "English Composition"
E. Gowers "The Complete Plain Words"
G. H. Vallins "Better English"

著者略歴

大類雅敏（おおるい　まさとし）

1936年　群馬県高崎市に生まれる。

1959年　早稲田大学文学部卒。

句読点研究の第一人者として、句読点に関する本を多数出版。

著書に、「そこに句読点を打て！」「日本文学における句読法」「文体としての句読点」「段落の本」「焚書夜話」「権田直助著『国文句読法』」大類雅敏訳（いずれも小社発行）など多数。

検印省略

句読点活用辞典

令和5年2月20日　第一刷発行

編　著　大類雅敏（おおるいまさとし）

発行者　石澤三郎

発行所　株式会社　栄光出版社

郵便番号　一四〇―〇〇〇二

東京都品川区東品川一―三七―五

電　話　（〇三）三四七一―一二三五

ＦＡＸ　（〇三）三四七一―一二三七

印刷　モリモト印刷㈱

ISBN978-4-7541-0184-8

乱丁・落丁はお取り替えいたします。

本書は、平成27年に出版した本のソフトカバー化です。